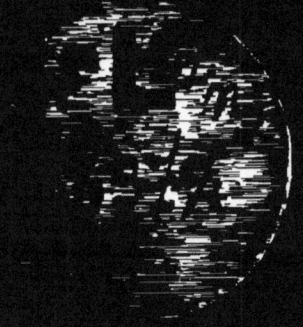

Ln²⁷
24372

BIBLIOTHÈQUE CHRÉTIENNE
DE L'ADOLESCENCE ET DU JEUNE AGE
Publiée avec approbation
de Monseigneur l'Evêque de Limoges.

Propriété des Editeurs.

F.F. Ardant Frères

PISCINE.

Seigneur, je n'ai personne pour me jeter dans la piscine.

VIE

DE

SAINTE GERMAINE COUSIN

PAR

M. L'ABBÉ LAURENT.

LIMOGES	PARIS
F. F. ARDANT FRÈRES,	F. F. ARDANT FRÈRES
rue des Taules.	25 quai des Augustins.

SAINTE GERMAINE COUSIN.

L'existence de cette humble bergère qu'en ces jours l'Église vient de proclamer Sainte et dont le nom a fait tressaillir de bonheur et a rempli d'une douce espérance la France catholique, s'est écoulée bien rapide. Aux yeux des hommes, les vingt-deux années qui la composent ont été d'une uniformité presque absolue.

En très peu de lignes donc nous essaierons de raconter fidèlement cette vie toute pleine cependant de merveilles et d'enseignements; car selon nous ces récits partiels de miracles, de décrets, de fêtes, ces réflexions diverses, quoique nécessaires et d'une grande valeur absorberaient pour ainsi dire le récit principal et diviseraient la pieuse attention du lecteur ; dès lors mieux vaut les lui indiquer par des renvois à un appendice où ils se trouveront détachés comme autant de témoignages ou de sujets de méditation.

Vers 1579, à Pibrac, village peu considérable du diocèse de Toulouse, naquit Germaine Cousin que l'Eglise vient de proposer à notre culte.

Si pauvres, si inconnus vécurent ses parents, qu'on n'a pu savoir au juste leurs noms, leurs habitudes, leur état. Lorsque le ciel veut glorifier un de ses enfants, il n'a que faire de la fortune, des honneurs, du génie, de la bravoure, des illustrations de famille, pour donner à l'obscure chaumière où il est né, où il a vécu, où il est mort, un éclat dont ne resplendiront jamais les plus magnifiques palais des rois.

En voulez-vous la preuve? Voyez, il était bien célèbre le vaillant vainqueur de Tolbiac, ce Clovis regardé comme le fondateur du royaume de France, tant il remporta de triomphes sur ceux qui convoitaient notre beau pays ; et cependant depuis treize cents ans, princes et peuples vont prier sur le tombeau de la *bergère* Geneviève ; ils ne s'agenouillent pas au mausolée de marbre du *roi* Clovis, son contemporain pourtant ! Philippe III fut un des plus nobles *monarques* d'Espagne. Or, voyez-le aussi, déposant sa couronne et son sceptre et priant à mains jointes, ainsi que le ferait un de nous, devant les restes de saint Isidore, qui de simple *laboureur* est devenu le patron de ses vastes états !

L'enfance et la jeunesse de Germaine s'écoulèrent-elles riantes et joyeuses? Oh! non. Percluse d'une main, la pauvre enfant était encore, dès le berceau, atteinte de scrofules.

Trouvait-elle du moins au sein de sa famille les soins et les consolations que réclamaient son âge et son état habituel de souffrances? Non encore. Hélas! ce n'était point assez pour elle d'avoir perdu de très bonne heure celle qui lui donna le jour. Au lieu de cette femme qu'aucune autre ne saurait remplacer, au lieu de cette mère dont le regard, le sourire, les caresses, lui eussent fait tant de bien, lui auraient été même si nécessaires, elle ne trouva qu'une marâtre impérieuse et jalouse qui, la prenant en aversion, s'étudia pour ainsi dire à lui rendre la vie insupportable.

Mais Germaine sait déjà qu'il ne faut pas demander compte au Seigneur de quelle voie mystérieuse il veut se servir pour nous conduire dans son ciel. Les mauvais traitements, loin d'aigrir le caractère et de désespérer la patience de la jeune infirme, ne font qu'accroître et révéler sa soumission en tout et partout à la sainte volonté de Dieu. Sa marâtre devenue maîtresse absolue de la demeure paternelle, lui refusera la nourriture, le vêtement, la contraindra de prendre pour couche la paille d'une étable ; mais plus Germaine souffrira dans son corps et dans son âme, plus elle conjurera son Sauveur bien-aimé de lui procurer encore d'autres moyens de l'accompagner au Calvaire.

Pour se débarrasser d'elle, on lui impose la garde

des troupeaux; eh bien! cette solitude continuelle sera sa joie. Elle est contente de se trouver seule au milieu des champs ; car elle y prie mieux de tout son cœur Celui qui orne de verdure les prairies et les collines qu'elle aime à contempler et qui donne leur laine aux agneaux qui l'entourent! Elle ne cherche pas la compagnie des enfants chargés des mêmes occupations qu'elle ; non, à un âge avide de distractions, qui d'ordinaire rêve jeux et plaisirs, elle ne veut que l'oraison et le calme de la retraite.

Si elle s'arrête de temps à autre avec les jeunes filles qu'elle rencontre, ce n'est que pour leur parler de Dieu et de l'amour qui lui est dû.

Quelles oraisons, direz-vous, quelles conversations pouvaient se trouver chez une pauvre enfant qui ne savait pas lire, et qui peut-être n'avait reçu que les notions élémentaire de sa religion pendant les heures rapides que sa marâtre lui avait permis d'employer au catéchisme de sa première communion?

Ah! le secret de cette science profonde et sublime de la prière, demandez-le à Celui qui aime tant à se révéler aux petits et aux humbles, qui donne aux tendres enfants la sagesse des vieillards, qui ne refuse jamais son saint amour quand on le lui demande.

En doutez-vous? voyez comme ce Dieu dont les vues sont si différentes des nôtres étend visiblement sa main tutélaire sur cet ange dont les souffrances, les privations, les fatigues, l'intempérie des saisons ne font qu'élever vers lui la belle âme.

Ainsi il lui permet d'aller chaque matin entendre la messe à l'église de son village et de faire une longue station devant la croix du chemin. Pendant ce temps lui-même veillera sur ses troupeaux comme il veillait sur ceux des bergers de Bethléem, abandonnés à eux-mêmes. Jamais un seul de ses agneaux ne deviendra la proie des loups qui abondent pourtant dans les forêts d'alentour ; pas un seul non plus n'ira brouter le moindre brin d'herbe dans les vergers ou les prairies du voisinage. Sa quenouille, plantée au milieu des prairies, suffira pour rallier ses brebis et les retenir dans les limites qu'elles ne doivent pas franchir.

Puis encore, elle se rendra dans le saint lieu ; et les eaux d'un ruisseau qu'elle aura à traverser se diviseront respectueusement à son approche, de manière à ne pas même mouiller le bas de sa robe, lorsque grossies par les pluies ou les neiges elle ne pourra les franchir sans danger.

Cependant l'amour pour Dieu n'existe pas sans l'amour du prochain ; et Germaine a compris ce grand précepte de Celui qui donne au monde son corps et son sang. Indigente, très indigente, elle ne cesse de montrer à tous les pauvres une bien tendre compassion ; tant il est vrai qu'il n'est personne qui ne puisse secourir ses frères ; tant la charité, descendant de la croix dans un cœur, le rend ingénieux et riche !

Voyez la pieuse enfant se privant de son nécessaire, distribuant chaque jour aux mendiants qu'elle rencontre une portion du pain qu'on lui mesure pourtant avec rigueur. Aucun ne s'approche d'elle sans recevoir encore une parole, une consolation. Charité admirable qui, en créant constamment des aumônes, augmentait le mérite de la mortification de celle qui ouvrait si généreusement ses deux mains.

Nous disons le mérite de sa mortification. Ecoutez : Les libéralités incessantes de Germaine rendirent sa fidélité suspecte. Ne comprenant pas d'où provenaient ses ressources, on l'accusait de dérober le pain du ménage ; motif toujours nouveau pour la marâtre de continuer envers elle ses mauvais traitements.

Un jour donc cette femme apprend que Germaine emporte avec elle plusieurs morceaux de pain ; saisie de fureur et armée d'un bâton, elle court pour la frapper. Quelques personnes qui l'aperçoivent se hâtent d'aller se placer entre elle et sa victime innocente. Connaissant bientôt le sujet de cette violente colère, elles approchent : le tablier de Germaine est ouvert. Mais, ô prodige semblable à celui que Dieu avait opéré en faveur de sainte Élisabeth, duchesse de Thuringe, au lieu du pain qui devait en effet y être, on trouva des fleurs magnifiques dont l'éclat et le parfum disaient assez la transformation miraculeuse ; car en cette saison, remarquent avec soin les narrateurs de ce fait, la terre n'a jamais produit de telles fleurs.

Ici commence pour Germaine un autre genre d'épreuves bien différent sans doute pour la nature, mais non moins dangereux pour l'âme ; nous voulons dire l'épreuve de la gloire que lui décerna soudain l'admiration publique.

Mais, avant de passer outre, il importe de dire un mot des vexations auxquelles sa conduite édifiante avait été en butte jusqu'alors.

La crainte des jugements des hommes est sans doute la marque d'une excessive faiblesse d'esprit et de cœur ; pour s'en convaincre ne suffit-il pas de remarquer quelle espèce d'ignorants fait seule usage de la raillerie et de l'injure, moyens faciles d'attaquer la vérité. Toutefois, comme nous voyons chaque jour de nos yeux tant d'âmes trembler devant le respect humain, et par lâcheté mentir à leur conscience, trahir

Dieu et sa sainte cause, n'est-il pas bon de rappeler les victoires d'une pauvre jeune fille, ne fût-ce que pour montrer une fois de plus combien le monde est injuste dans ses jugements, et par conséquent combien lui et ses œuvres sont dignes de mépris ?

Ecoutez donc pourquoi Germaine appelait malgré elle sur sa piété les regards méchants des impies.

Eclairée par sa foi vive, elle savait quelles richesses précieuses pour l'âme sont contenues dans l'adorable victime de nos autels ; comme Dieu se plaît à répandre ses bénédictions les plus abondantes sur ceux qui comprennent et qui aiment ce sacrement, qu'inventa sa charité infinie pour les hommes. L'eucharistie soutient le cœur dans ses épreuves et ses tentations ; elle le purifie, elle l'élève au-dessus de tout ce qui est créé ; elle l'unit d'une manière intime à l'auteur de toutes vertus, de toute sainteté ; elle le divinise en un mot. Germaine sentait ces choses plus peut-être qu'elle n'aurait su les exprimer. Aussi la communion fréquente était-elle une de ses plus chères habitudes. Jamais elle ne laissait passer un dimanche, un jour de fête, sans approcher de la table sacrée, après s'être toutefois préalablement préparée à cette manducation angélique par de très longues prières et surtout par la confession.

Une âme qui, dans de saintes dispositions, se nourrit souvent du pain des Elus, ne saurait éprouver de la tiédeur pour Marie. Est-ce que la douce Vierge, Mère du Dieu de l'autel, n'est pas aussi la Mère du divin amour, le miroir des vertus, le secours des faibles, l'appui des opprimés, la reine des martyrs ? L'école de Marie n'est-elle pas l'école de la chasteté, de la douceur, de la patience, célestes rayons de la couronne dont doit être ceint le front des vierges ? Quand une âme est en proie à la tourmente au milieu des flots menaçants de toutes parts, n'est-elle donc pas sûre d'échapper à la mort en regardant l'*étoile* brillante qui sauve les mariniers, en se réfugiant dans ce *port* toujours ouvert ? Quand elle succombe sous les peines, quand elle est prête à faillir sous les sarcasmes et les humiliations, plus terribles quelquefois que les glaives des bourreaux, ne se redresse-t-elle pas, ne se *tient-elle* pas bientôt *debout* fortifiée par la parole, l'exemple et la protection de cette Mère des douleurs que le ciel ému contempla au Calvaire ?

Oh ! oui, Germaine aimait, priait, honorait Marie ; elle professait pour elle la piété la plus fidèle ; elle s'étudiait à l'imiter. Ses fêtes, elle les observait toujours avec un redoublement de prières, de jeûnes, de mortifications ; ses autels, ses statues, elle se faisait un devoir et un bonheur de contribuer à leur décoration. La voyez-vous cherchant dans les prairies et les collines les plus belles fleurs, pour offrir à sa bien-aimée patronne une guirlande fraîche, un bouquet nouveau ? ou bien lorsqu'elle entend sonner l'*Angelus*, la voyez-vous tombant à genoux en quelque endroit qu'elle puisse se trouver, pour faire cette prière avec un plus grand respect ; s'arrêtant dans la boue ou au milieu d'un ruisseau qui arrose les bords de Pibrac, si la cloche a retenti au moment où elle le traverse ?

Assurément, encore une fois, aucune des pratiques pieuses de Germaine n'aurait dû exciter les rires, les injures de personne.

Est-ce que par hasard une jeune fille qui ne va pas à l'église, qui ne communie point, qui se rit de Dieu et de ses recommandations est plus estimable, plus digne de respect, plus sensible, plus prudente, plus charitable que cette autre jeune fille qui fait des saints autels son rendez-vous habituel et ses joies ? Qui que vous soyez, dites-moi, si vous aviez à choisir entre les deux une fille, ou une sœur, laquelle préféreriez-vous ?

Pourquoi donc, ô monde aveugle et méchant, persécutes-tu cette pauvre infirme ? Pourquoi t'acharner à lui ôter son unique consolation ? Va ! va ! tu t'es trompé. Ce corps si débile est animé par un cœur d'une invincible énergie. Ta victime continuera de vivre sous le regard de Dieu, aussi peu soucieuse de tes improbations que des éloges dont il te plairait de la combler, si ainsi te l'inspirait ton caprice de demain. Oui, Germaine fut heureuse de souffrir l'ignominie pour le nom de Jésus; elle supporta et vainquit le monde et ses persécutions; et pour cela sans doute le ciel l'appela à combattre, avons-nous dit, sur un autre terrain.

Dès le jour où Dieu approuva par un miracle les vœux et la vie de sa fidèle servante, les méchants devinrent soudain tout autre à son égard; on changea en éloges les noms injurieux qu'on lui avait prodigués; elle ne fut plus regardée que comme une sainte.

Voici donc Germaine devenue l'objet d'un respect général; mais son cœur n'en concevra pas d'orgueil, elle renverra à Dieu tout honneur, toute louange. Ne croyez pas qu'elle, qui obtient d'éclatants miracles, demande au moins à Dieu du soulagement à ses infirmités, un peu de relâche dans la maison paternelle, une amélioration quelconque à sa triste existence. Non, elle sait trop bien le prix de la souffrance et de la privation. Et lorsque Laurent son père, repentant de sa propre faiblesse, voudra l'assimiler enfin à ses autres enfants, elle le suppliera de la laisser à l'écart comme par le passé, et la reléguer toujours dans l'étable obscure où elle se trouve si heureuse.

Chaque jour ainsi la pauvre enfant s'efforcera de prouver à Dieu sa reconnaissance par de plus fervents actes d'adoration et d'amour ; elle ne s'en disposera qu'avec plus de piété à sa fin qui doit être précoce et très prochaine.

Bientôt, en effet, persévérant dans la douceur, la piété, la mortification et la pratique de toutes les bonnes œuvres, elle termina, par une mort cachée comme sa vie, une existence toujours bénie de Dieu et de ses anges, qui seuls en connaissaient toute la beauté.

Son père ne l'ayant pas vue sortir un matin, vint au coin du réduit où elle reposait ; il la croyait endormie. Si pour la première fois elle ne répondit pas à l'appel de cette voix toujours obéie et respectée, c'est que sa belle âme n'habitait plus la terre !... C'était en 1601 : Elle atteignait alors sa 22e année !

Selon les habitudes de ces temps la jeune bergère fut enterrée dans l'église même de Pibrac. Quarante-trois ans se passèrent sans que rien d'extraordinaire révélât l'immortelle gloire de celle qui devint la Sainte bien-aimée des religieuses populations du midi de la France. Mais aussi, voyez comme le signe donné par le ciel, comme le miracle fut éclatant, visible, incontestable !

Ce nous est un bonheur de n'avoir ici qu'à analyser ou reproduire quelques passages du beau mandement que Mgr Buissas, évêque de Limoges, a adressé à ses diocésains à l'occasion de la sainte protectrice des régions qui l'ont vu naître lui-même, et qui pendant vingt-trois ans ont été glorifiées par ses vertus et ses œuvres sacerdotales.

Le tombeau de Germaine était resté scellé : en 1644, la mort d'une de ses parentes donna occasion de l'ouvrir.

Dès le premier coup de pioche, la terre laisse apparaître une sépulture dont l'état de conservation effraie les fossoyeurs. Les personnes présentes à l'église se pressent autour du tombeau, et, toutes stupéfaites, elles voient, aussi elles, "un corps doué presque des apparences de la vie, qui semble « moins frappé par la mort qu'appesanti par un doux sommeil. » Le visage, couvert de teintes vermeilles respire une ineffable douceur; les membres ont conservé leur souplesse; et comme dans l'imprudente précipitation qu'on a mise à le dérober à la tombe il a été légèrement blessé, un sang frais et pur le colore ; enfin, si quelques parties, légèrement desséchées, attestent qu'il a payé son tribut au trépas, rien n'y révèle la hideuse corruption du sépulcre, et il semble comme enseveli dans sa céleste immortalité.

» On conçoit mieux qu'on ne saurait le peindre l'émotion des habitants religieusement accourus ; chacun consultait ses souvenirs ou se livrait à mille conjectures, lorsqu'une femme arrivée à une extrême vieillesse, s'approchant du pasteur de la paroisse, lui dit avec un attendrissement respectueux :

« Ne cherchez pas plus longtemps ; je reconnais parfaitement la sainte que nous avons sous les yeux, et d'autres peut-être pourront la reconnaître avec moi, surtout à la difformité de sa main droite et aux cicatrices que vous apercevez à son cou : c'est Germaine Cousin, la pauvre fille vertueuse dont vous avez si souvent entendu parler, et qui fut enterrée ici, il y a plus de quarante ans. Je m'en souviens parfaitement : je fus une de celles qui la gardaient avant les funérailles. C'est moi qui aidait à la revêtir de son suaire ; et comme c'était vers le temps de la moisson, nous posâmes sur sa tête une couronne d'œillets et d'épis de seigle, que vous voyez conservée encore dans toute sa fraîcheur. »

Cette découverte merveilleuse est bientôt pour la contrée tout un évènement ; de toutes parts on se rend pour vénérer ces restes si providentiellement respectés par la mort. Les enquêtes se font ; l'Eglise interroge les hommes, les lieux, les écrits, les souvenirs, afin de sanctionner à tout jamais la piété des populations encouragée chaque jour par des miracles de tout genre.

Le cadre très restreint de ce petit volume ne nous permet pas même d'indiquer les principaux miracles dus à la vierge vénérée (1) : qu'il nous suffise de dire qu'ils sont nombreux ; que plusieurs personnes qui ont ressenti les bienfaits de son intercession ont laissé, dans la sacristie de Pibrac, pour monuments de leur guérison, leurs béquilles, leurs potences, les bandelettes de leurs plaies ou les représentations des membres dont elles avaient recouvré l'usage, comme autant de trophées du pouvoir de la pieuse Bergère.

Il est encore certain que ces prodiges n'ont jamais cessé, et qu'il n'est point surtout de village avoisinant le tombeau de la béatifiée qui ne sache par son expérience combien Germaine est puissante sur le cœur de Dieu.

(1) Voir à l'appendice.

Telle est l'humble fille qui, d'année en année, a appelé sur elle l'attention religieuse d'un nombre toujours croissant d'âmes fidèles. (1)

Oui, telle est celle que l'Eglise si sévère dans ses examens, si difficile dans l'admission des épreuves, et si scrupuleuse dans ses jugements, l'Eglise inspirée par l'Esprit-Saint, vient de proclamer BIENHEUREUSE. (2)

Maintenant, si nous ne pouvons raconter comment, en mai 1853, s'est faite à Rome, dans l'église de Saint-Pierre du Vatican, la cérémonie de sa béatification (3), nous devons dire au moins sommairement comment se sont passés à Toulouse les trois jours de juin 1854 consacrés à cette cérémonie. Nous plaçons à l'appendice la relation des Fêtes de Pibrac. (4) Quel sujet d'édification ! quelles leçons données à la France, au monde entier ! Devant le tombeau de cette humble fille qui, deux cent cinquante ans après sa mort, devient l'objet d'un triomphe que les princes les plus puissants et les plus aimés n'ont jamais pu obtenir de leur vivant ; en présence de cet élan général, de cet enthousiasme inattendu même de ceux qui avaient eu la première pensée d'une manifestation en faveur de la Bienheureuse ; comment ne pas répéter tout d'abord ces paroles que, sous toutes les formes, échangeaient entre elles ces populations profondément émues :

« Oh ! qu'ils paraissent donc petits ces philosophes superbes qui, depuis près de deux siècles, travaillent

(1) Voir à l'appendice.
(2) Voir à l'appendice.
(3) Voir à l'appendice.
(4) Voir à l'appendice.

avec un si déplorable acharnement à corrompre le peuple et arracher la foi de son cœur ! Ils avaient ri des miracles, ils croyaient les avoir rendus impossibles ; ils pensaient du moins que désormais aucun homme tenant à prouver qu'il a le sens commun n'oserait avouer sa croyance aux faits miraculeux : et voilà que tout-à-coup, au nom d'une pauvre bergère illettrée, toute une grande ville se lève et proteste de la manière la plus éclatante qu'elle croit aux miracles. Allez maintenant, vous qui ambitionnez le nom d'esprits forts, employez votre intelligence et vos veilles à construire de misérables sophismes, à accumuler les ténèbres ; il suffit, vous le voyez, d'une fille en haillons pour détruire tout votre échafaudage de mensonges ! »

L'Eglise métropolitaine avait déployé une pompe inusitée (1). Sur la galerie du grand portail on avait placé un large tableau représentant Germaine ; dans la nef, un autre tableau où était peint le miracle des fleurs. Au-dessous de ce tableau, un reliquaire contenant quelques précieux restes de la béatifiée, recevait les premiers honneurs solennels de l'église de Toulouse. Dans l'enceinte sacrée on avait placé, ici les tableaux représentant les quatre vertus principales qui brillèrent dans l'innocente Bergère : la Foi, l'Espérance, la Charité et la Religion ; là les quatre principaux miracles approuvés par la Congrégation des Rites.

Les deux premiers reproduisaient la multiplication de la farine et celle des pains dans le couvent de Bourges ; le troisième, la guérison de Jacquette Ca-

(1) Voir à l'appendice.

tala, depuis longues années percluse de ses membres et abandonnée des médecins ; enfin celle de Philippe Lucas, dévoré par une affreuse carie des os, et qui, dans un état désespéré, recouvre la santé au tombeau de la Bienheureuse.

Et puis de toutes parts des festons de lauriers, de riches tentures, des faisceaux de lumière, surtout autour de l'autel, dans la partie la plus élevée duquel une couronne de feu planait et semblait se reposer sur l'image de Germaine, dont on s'efforçait ainsi de peindre l'apothéose.

Eh bien ! dire maintenant, sur la foi des témoins oculaires les plus respectables, que pendant ce *triduo* les offices ont été célébrés au milieu du recueillement religieux d'une foule innombrable ; que ce n'était plus du zèle, de l'empressement, mais un enthousiasme qui entraînait les plus indifférents et provoquait les actes de foi les plus inespérés (1) ;

Que la multitude, pendant ces trois jours, n'a cessé d'encombrer l'église de Saint-Etienne, où les reliques de la bienheureuse étaient exposées sur un autel improvisé au-dessous du tableau représentant le miracle des fleurs ;

Qu'avec peine on trouvait à se placer trois heures avant les offices, et qu'à midi la nef était pleine pour entendre le sermon qui ne devrait être prononcé qu'à deux heures ;

Qu'en particulier les auditeurs attribuaient à l'influence de Germaine les hautes et magnifiques inspirations des trois illustres prédicateurs qui se sont succédés dans la chaire de l'Eglise métropolitaine ; tant

(1) Voir à l'appendice.

il y avait d'unanimité à déclarer que ces trois orateurs se surpassaient eux-mêmes et que leurs discours étaient supérieurs à tous ceux qu'ils avaient prononcés jusqu'alors ; et cependant quel sujet en apparence plus stérile que celui qu'ils avaient à traiter (1) ;.

Dire enfin que le soir toutes les rues étaient illuminées ; qu'édifices publics, palais, grands hôtels, humbles demeures, étincelaient de lumière, depuis le rez-de-chaussée jusqu'au dernier étage ; que chacun à l'envi s'était appliqué à rendre l'illumination aussi gracieuse que possible : ici c'était une croix de feu, là le chiffre de Germaine dessiné par des lignes de lumière ; plus loin des arabesques de lampions ; presque partout des guirlandes de fleurs et de verdure au milieu desquelles brillait l'image de la vierge de Pibrac;

Joignez à tout cela le va-et-vient d'une foule immense composée de tous les âges, de tous les rangs de la société, qui se portait d'une rue à l'autre avec l'expression la plus visible du bonheur, et vous n'aurez qu'une faible idée de cette démonstration qui doit à tout jamais réjouir les fidèles, raffermir les timides, et confondre l'impiété et l'hérésie.

Ah ! en nos malheureux jours, où tant de chrétiens oublieux ne soupirent qu'après les jouissances de la terre, conservons donc religieusement dans nos cœurs les paroles proférées par la plus haute autorité morale qui soit sur la terre, cet avertissement donné à Rome, à la France et à l'univers, par l'illustre Pie IX, et qui complète et sanctifie nos lignes :

« Ce qui augmente la satisfaction que j'éprouve du triomphe de cette humble bergère, c'est de penser que

(1) Voir à l'appendice.

Dieu n'exalte point ainsi sans des desseins de miséricorde une faible et pauvre enfant. Il veut donner à notre siècle les enseignements dont il a le plus besoin. En effet dans un temps où tout le monde court après la fortune, le plaisir et l'élévation, rien n'est plus nécessaire que de proposer à notre culte et à notre imitation une vie sanctifiée dans la pauvreté, dans la souffrance et dans l'abjection. A un siècle égaré par de vains systèmes de philosophie et de science, il fallait opposer la vraie sagesse et la vraie science que Germaine avait apprises aux pieds de la croix, et dont les leçons l'avaient conduite à la plus sublime perfection et au triomphe le plus éclatant. »

La béatification de Germaine ne fit que donner un nouvel essor à la dévotion envers elle. Sa canonisation fut demandée et obtenue en 1865 (1).

(1) Voir à l'appendice.

APPENDICE.

Procès de la Béatification de la vénérable servante de Dieu Germaine Cousin.

Depuis longtemps la canonisation de la vénérable servante de Dieu, Germaine Cousin, était devenue l'objet des vœux les plus ardents. Vers l'an 1844, il fut établi dans le diocèse de Toulouse une enquête sur les vertus et les miracles de cette admirable vierge. Cette enquête fut présentée à la Congrégation des Rites avec les suppliques de presque tous les évêques de France, des Chapitres des églises cathédrales, des clercs séculiers et réguliers, de plusieurs communautés religieuses de femmes, et de la Mairie de Toulouse demandant la béatification de Germaine.

Toutes ces suppliques attestent les vertus extraordinaires de l'humble bergère, la grande et constante réputation de sainteté attachée à sa mémoire ; toutes publient la confiance des fidèles et les merveilles attribuées à son intercession. Les évêques des diocèses voisins de Toulouse déclarent avoir vu de leurs yeux des guérisons inespérées et d'autres faits surnaturels qui continuent la chaîne des nombreux prodiges qui, depuis deux cents ans, n'ont pas cessé de couler du tombeau de Germaine comme d'une source intarissable. Plusieurs d'entre eux ayant visité par dévotion le tombeau de Germaine, ont été tout embaumés de l'odeur des vertus de celle qui était l'objet de leur pèlerinage, et ont éprouvé des sentiments de piété dont ils n'ont pas cessé de bénir la bonté divine ; tous enfin expriment hautement la conviction que la religion, surtout les catholiques de France, trouveront un précieux avantage dans cette béatification.

Par un ordre du Saint-Siége, de nouvelles informations eurent lieu en 1847, sous la direction de Mgr d'Astros, archevêque de Toulouse, et, par un décret solennel du 29 juillet 1848, le Souverain Pontife Pie IX consacra la validité des formes observées dans cette dernière enquête.

Le 26 mai 1850, le Saint-Père déclara solennellement qu'il était prouvé que la vénérable Germaine Cousin avait possédé, à un degré héroïque, les vertus tant théologales que cardinales et celles qui leur sont annexées.

Mais le décret qui statue sur la sainteté ne statue point sur le culte public. Il faut que Dieu daigne faire connaître qu'il veut, pour sa gloire, que ce culte soit décerné, et c'est par les miracles qu'il manifeste sa volonté adorable. Sur le grand nombre de prodiges opérés près du tombeau ou par l'intercession de Germaine Cousin, deux bien avérés suffisaient. La cour de Rome en choisit quatre, qui furent soumis à un examen canonique et aux objections du Promoteur de la Foi. La guérison de Jacquette Catala, en 1832, celle de Philippe Luc, en 1844, et deux autres miracles qui ont eu lieu dans le couvent du Bon-Pasteur de Bourges, en 1845 et 1846 : une multiplication de pâte et une multiplication de farine, prodiges d'une providence toute paternelle de la part de Dieu pour les pauvres enfants qu'on recueille dans cette sainte maison, et qui révèlent tout ce que peut faire la droite du Tout-Puissant pour glorifier ses saints.

Après un examen rigoureux et une sévère discussion des miracles soumis au jugement du tribunal apostolique, le 5 mai de l'année suivante, le Très-Saint-Père déclara solennellement que les quatre miracles opérés par le Seigneur, à l'intercession de la vénérable vierge Germaine, étaient réels et constants.

CONSTATATION JURIDIQUE DE QUATRE MIRACLES.

I

Guérison de Jacquette Catala.

Jacquette Catala, de Toulouse, fut atteinte, à l'âge de onze mois, d'un mal qui paralysa son corps depuis a ceinture jusqu'à l'extrémité des membres inférieurs. Non-seulement elle ne pouvait se tenir sur ses pieds ni former un seul pas; mais lorsqu'elle était assise, il fallait l'attacher sur sa chaise, où elle ne pouvait même se soutenir sans un appui ; de plus, sa paralysie avait contourné et déformé ses pieds. Cette pauvre enfant demeura jusqu'à l'âge de sept ans dans cet état déplorable, malgré tous les remèdes qui furent employés pour la guérir. Louise Catala, née Morens, mère de cette jeune infirme, avait conçu le pieux dessein de la mettre sous la protection de la servante de Dieu, Germaine Cousin. Elle fit vœu de faire trois fois le voyage de Pibrac, les deux premières fois seule, et la troisième fois avec sa fille. Elle ne put accomplir ce vœu qu'en 1832, trois ans après l'avoir fait.

Au troisième voyage qu'elle fit avec la jeune Jacquette au tombeau de la pieuse bergère, elle entendit la messe dans l'église de Pibrac. Ne voulant pas attacher sa fille à sa chaise, comme elle le faisait ordinairement, elle la tint sur elle pendant une partie du Saint Sacrifice, et son fils la prit pendant le reste du temps. Au moment de la communion, elle recommande à son fils de bien prendre soin de sa pauvre sœur et se dirige vers la table sainte, mais, tandis qu'elle s'y rend, la jeune Jacquette s'échappe des bras de son frère et court rejoindre sa mère. Dès ce moment les jambes de cette enfant, jusque-là si infirme, reprirent toutes leurs forces. Ses pieds se redressèrent, elle put marcher sans difficulté et sans appui.

De retour à Toulouse, Jacquette, encore assise sur l'ânesse qui l'avait ramenée de Pibrac, cria à son père que sainte Germaine l'avait guérie. Cet heureux père, voulant se convaincre de la vérité de ce que lui disait son enfant, la prit entre ses bras, la déposa par terre au milieu de la rue, et, au grand étonnement d'un

Sainte-Germaine. 2

grand nombre de personnes qui en furent témoins, la jeune fille guérie se mit à marcher avec vitesse, et sa guérison a persévéré jusqu'à ce jour.

II

Guérison de Philippe Luc.

Philippe Luc, âgé de quatorze ans, fils de Jacques Luc et de Anne Fayon, du village de Cornebarieu, à 12 kilomètres de Toulouse, avait, depuis un an, aux muscles inférieurs et postérieurs du bassin, un dépôt d'humeurs qui bientôt devint un ulcère fistuleux. Ce mal, d'une nature très grave, ayant été traité sans succès par différents médecins, Philippe fut conduit, dans les premiers jours d'avril 1844, à l'hôpital de Toulouse où il demeura un mois et demi. Anne Fayon, voyant que le traitement auquel son fils était soumis dans cet établissement n'avait aucun résultat, le fit revenir chez elle le 23 mai de la même année. Alors la plaie du jeune malade, sondée par un médecin de Cornebarieu, M. Mathieu Friot, pénétrait jusqu'aux os qui formaient les hanches, et déjà l'os principal était carié.

La mère de Philippe, animée d'un grand esprit de foi et de piété, résolut de ne plus rien attendre des secours humains et d'implorer l'intercession de la bienheureuse Germaine. Elle part avec son fils pour se rendre au tombeau de la servante de Dieu. Tandis qu'ils font ensemble le pieux pèlerinage, Philippe, plus souffrant que jamais, exprime plusieurs fois sa crainte de ne pouvoir arriver. Encouragé par les exhortations de sa mère et par une très vive confiance qu'il avait eue lui-même depuis longtemps en la Bienheureuse, il supporta son mal avec une sainte et courageuse résignation ; ils s'animent l'un l'autre à prier avec ferveur pendant tout le temps du voyage, et la pauvre mère continue sa fervente prière tout le reste de la journée, même au milieu de son travail. Parvenus à l'église de Pibrac, ils reçoivent, des mains du respectable curé, un linge qui a touché les restes de la bienheureuse Germaine.

Au retour, les douleurs que ressentait Philippe étaient moins vives, mais la suppuration de la plaie était plus abondante que de coutume. Le soir du même jour, la pieuse mère trouva pourtant la plaie dans son état ordinaire, et la recouvrit du linge précieux qu'elle avait rapporté du saint tombeau. Le lendemain matin, quelles ne furent point sa surprise et sa reconnaissance quand, voulant panser la plaie de son fils, elle la trouva entièrement guérie, n'offrant plus qu'une légère trace de rougeur qui disparut peu de temps après ! Dès le jour suivant, Philippe put reprendre les travaux de la campagne, qu'il avait été obligé d'interrompre depuis un an.

III — IV

Miracles opérés par l'intercession de la Bienheureuse Germaine dans le monastère du Bon-Pasteur de Bourges (1).

La maison du Bon-Pasteur de Bourges est une dépendance de la maison du Bon-Pasteur d'Angers. Son but est de donner un asile à toutes les filles et femmes qui désirent se convertir et s'affermir, par la pratique de la pénitence, dans la voie de la vertu. Elle reçoit encore les petites filles que la corruption et les scandales du monde exposent au danger de perdre leur innocence. Cette maison n'a pas d'autres ressources que le travail des personnes qui y sont retirées, quelques bien modiques pensions, et de faibles aumônes dues à la charité des pieux fidèles.

Dans les derniers mois de 1845, elle se composait de 120 à 130 personnes environ. A cette époque, sans être dans un état de détresse complet, la maison se trouvait cependant dans la gêne. Outre ce qu'elle doit encore sur l'achat primitif du terrain, on devait aux ouvriers, pour différents travaux, la somme de douze mille francs; et on n'avait pas même l'argent nécessaire pour payer la provision de blé, tellement que la supérieure fut obligée d'emprunter cinq cents francs pour les donner au marchand de blé, qui réclamait instamment son argent.

---

(1) C'est de la commission d'enquête que viennent ces détails plus longs et plus précis.

Dans ces circonstances pénibles, M. l'abbé de Pous, vicaire-général, alors supérieur de la maison, aujourd'hui vicaire-général de Mgr l'archevêque de Toulouse, parla à la supérieure et à deux sœurs qui se trouvaient avec elle, des vertus de la bienheureuse Germaine et des miracles qui s'étaient opérés par son intercession, et leur donna en même temps des médailles de la pieuse bergère. Dès ce moment, la supérieure se sentit animée envers la bienheureuse d'une tendre dévotion et d'une vive confiance, et conçut la pensée de recourir à sa protection, afin d'obtenir pour sa maison les ressources qui lui étaient nécessaires en lui demandant spécialement la multiplication de la farine.

Ce fut dans cette intention qu'elle suspendit dans le grenier à farine la médaille qu'elle avait reçue, et qu'elle chercha à inspirer à toutes les personnes de la maison la confiance qu'elle avait elle-même. Elle fit lire dans toutes les classes la vie de la Bienheureuse, et commencer en son honneur une neuvaine qu'on réitéra plusieurs fois de suite. Les prières de la neuvaine consistaient dans cette invocation, répétée cinquante fois par forme de chapelet : *Vénérable Germaine, priez pour nous !* à quoi une des bonnes sœurs tourières, suivant l'aveu qu'elle en a fait elle-même, ne manquait pas d'ajouter : *et multipliez la farine.* La mère supérieure, tout en s'unissant aux prières de la communauté, invoquait encore souvent, en particulier, celle qu'elle avait prise pour protectrice de sa maison. Fortifiée par tant de prières et animée de cette foi qui demande sans hésiter, elle crut qu'il était temps de mettre à l'épreuve la puissante intervention de la Bienheureuse, et de réclamer d'elle le miracle si ardemment attendu.

Dans la dernière quinzaine de novembre 1845, elle donna ordre aux deux sœurs boulangères chargées de faire le pain, de ne descendre dans la boulangerie que huit corbeillées de farine pour chaque fournée, au lieu de douze qu'elles employaient ordinairement, et de faire avec cette quantité de farine autant de pains qu'à l'ordinaire. Les sœurs boulangères ne se soumirent à cet ordre qu'avec répugnance, et n'obéirent que très imparfaitement. En effet, à trois jours différents, elles n'apportèrent bien à la boulangerie que huit corbeilles de farine, pour chacune des deux fournées qu'on fait chaque jour de cuisson; mais voyant que cette quantité de farine était loin de leur donner des pains aussi gros qu'à l'ordinaire, elles remontaient au grenier, à l'insu de la supérieure, et en rapportaient de nouvelles farines qu'elles ajoutaient à la première. Toutefois, elles étaient tellement troublées par le sentiment de leur désobéissance et par la crainte d'être aperçues, que la quantité de farine qu'elles rapportaient était encore loin d'être suffisante, et qu'à la grosseur et surtout à la durée des pains de ces différentes fournées, il était facile de s'apercevoir qu'on avait employé pour les faire moins de farine que de coutume. Les boulangères s'en plaignaient vivement à la supérieure, en ajoutant qu'elles avaient pourtant employé plus de farine qu'elle ne l'avait ordonné; celle-ci, de son côté, rejetait le tout sur leur désobéissance et leur reprochait leur peu de foi. Voyant enfin qu'elle était mécontente, ennuyées de ces reproches, et sur un ordre réitéré d'une manière encore plus expresse, les boulangères prirent le parti de se soumettre aveuglément, et de n'employer, au jour de la cuisson suivante, que huit corbeillées de farine pour chaque fournée. Mais Dieu voulut encore mettre à l'épreuve leur désobéissance et la foi de la supérieure. Le résultat des deux fournées fut seulement en proportion de la farine employée, et on eut des pains bien plus petits et qui durèrent bien moins longtemps que les pains ordinaires, tellement qu'on fut obligé d'avancer de deux jours la cuisson suivante.

Ennuyées de voir les fournées si mal réussir, les sœurs boulangères étaient dans un découragement complet. Elles murmuraient contre la supérieure. La quantité de bois qui brûlait pour ces fournées était la même que pour les fournées habituelles ; c'était donc, disaient-elles, pour la maison, un surcroît de dépenses et pour elles aussi un surcroît de travail, puisque les jours de cuisson revenaient plus souvent. Les reproches de la supérieure, les visites continuelles des sœurs qui venaient à la boulangerie s'informer s'il y avait miracle, avaient rendu une des sœurs boulangères tout-à-fait maussade. Et quand, au sortir de la messe, les sœurs venaient faire leur visite habituelle, en disant qu'elles avaient bien prié, elle leur répondait que leurs prières ne suffisaient pas pour obtenir un miracle ; et comme elles lui reprochaient son peu de confiance envers la Bienheureuse Germaine, elle conseillait, en termes assez énergiques, à deux d'entre elles, dont l'une était bossue et l'autre boiteuse, de demander pour elles-mêmes un miracle et la guérison de leur infirmité. Aussi le jour qui précéda la cuisson dont il nous reste à parler, bien qu'elle eût la pensée de demander à la mère supérieure de lui laisser employer autant de farine qu'aux fournées ordinaires, s'imaginant que *la supérieure ne voudrait pas s'abaisser jusqu'à revenir sur ses ordres,* elle ne put se déterminer à faire les premières avances. De son côté, la supérieure était dans l'hésitation, et voyant l'inutilité de ses différents essais, elle eut l'idée de dire aux boulangères d'employer la quantité ordinaire de farine. Trois ou quatre fois, elle fut sur le point de leur en parler, et arrêtée par un sentiment qu'elle ne put définir. La même pensée lui revint le soir, après la récitation des matines, au temps du grand silence ; mais alors sentant sa confiance en la Bienheureuse se ranimer et ne voulant parler à personne à une heure si avancée, elle se détermina à ne rien dire; et, dans la simplicité de sa foi, elle dit, en se couchant, à la Bienheureuse Germaine, *de ne pas laisser faire des pains aussi petits que ceux des cuissons précédentes, parce que c'était une perte réelle pour la maison.*

Dieu n'avait permis toutes ces hésitations et ces marques de défiance que pour faire ressortir avec plus d'éclat la gloire de sa servante. Le lendemain matin, qui était un lundi 1er décembre, les sœurs boulangères n'ayant pas reçu d'ordre contraire, ne descendirent, pour la première fournée, que huit corbeillées de farine. La sœur dont nous avons parlé n'avait pas plus de confiance que les autres fois. Il est vrai qu'en pétrissant la farine, elle priait la Bienheureuse Germaine, de concert avec l'autre boulangère ; mais elle le faisait tout machinalement. Elle comptait même si peu sur un miracle, que voyant, après avoir travaillé longtemps, que la quantité de pâte n'était qu'en proportion de la quantité de farine, elle disait à sa compagne comme par dérision : *Puisque la vénérable Germaine n'a pas donné de farine il faut lui de-*

mander de la pâte toute faite. Elle lui recommandait, en même temps, de mettre beaucoup de pâte dans les corbeilles, comptant ainsi n'avoir qu'un bien petit nombre de pains, et faire sentir à la supérieure que la chose ne pouvait réussir. Sa compagne, au contraire, avait toujours confiance qu'il y aurait assez de pâte pour faire les vingt pains ordinaires. Et, en effet, à mesure qu'elle remplissait les corbeilles, la pâte ne diminuait pas en proportion dans le pétrin. On en eut assez pour remplir toutes les corbeilles, il en resta même assez pour qu'on pût en ajouter à tous les pains et de plus deux ou trois livres qu'on laissa dans le pétrin. La sœur, qui jusqu'ici avait douté, fut toute surprise et étonnée, et surtout bien confuse d'avoir eu si peu de confiance et d'avoir parlé, comme elle l'avait fait, à sa supérieure et à ses sœurs. Il lui fut impossible de douter du miracle quand, au moment de mettre les pains dans le four, on ne put y en faire tenir que dix-neuf, au lieu de vingt qu'on y met à l'ordinaire.

Pour la seconde fournée du même jour, les sœurs ne descendirent également du grenier que huit corbeillées de farine, et cette fois, en pétrissant la farine, elles sentirent la pâte se multiplier entre leurs mains, mais d'une manière si surprenante. qu'il suffit de quatre corbeillées de farine pour faire les vingts pains, résultats ordinaires de douze corbeillées, et il en resta quatre complètement intactes dans le pétrin.

Dès le matin, à la première fournée, la mère supérieure vint à la boulangerie au moment où les pains étaient au four. Ce ne fut qu'après la seconde fournée que quelques-unes des sœurs de la communauté, averties du miracle par l'économe, allèrent à la boulangerie et virent les pains et les quatre corbeilles de farine qui étaient restées. Celle des sœurs boulangères qui avait manqué de confiance était si confuse et si tremblante, qu'elle n'osait paraître devant ses compagnes. Elle craignait surtout de rencontrer la mère supérieure et sortit même de la boulangerie quand elle la vit arriver. Ne sachant comment l'aborder, ainsi que les sœurs, pour avoir auprès d'elle un plus facile accès, elle fit, avec la pâte qui restait, de petits pains qu'elle fit cuire et les leur porta à la fin de la récréation, en leur disant de manger du pain du miracle. Mais ce fut le lendemain seulement qu'elle se détermina, malgré sa confusion et sa honte, à aller trouver la mère supérieure pour lui demander pardon et lui promettre à l'avenir une entière obéissance.

Les pains de ces deux fournées miraculeuses durèrent même plus longtemps que les pains ordinaires ; car, au lieu d'attendre deux jours pour commencer à les manger comme on fait d'ordinaire, les petits pains des cuissons précédentes étant presqu'entièrement consommés, on fut obligé de commencer de suite à les manger, et cependant on n'avança pas pour cela le jour de la cuisson suivante.

Ce jour-là encore, qui était le 5e du même mois le miracle se renouvela. Les sœurs descendirent du grenier, pour la première fournée, huit corbeillées de farine, qu'elles mêlèrent à deux des quatre corbeillées de la farine restée de la fournée précédente, et elles eurent, avec ces dix corbeillées, vingt pains aussi gros que les vingt pains faits ordinairement avec douze.

Pour la seconde fournée du même jour, on ajouta huit corbeillées aux deux qui étaient restées, et, après avoir employé seulement huit corbeillées de farine, les sœurs s'aperçurent qu'elles avaient une quantité de pâte suffisante pour faire les vingt pains ordinaires.

C'est ainsi que Dieu se plaît à manifester la gloir de ses Saints, en les rendant sur la terre l'instrument de sa Providence et de son inépuisable bonté. Les personnes qui liront ces faits miraculeux s'étonneront peut-être de ce qu'après avoir reçu des marques si signalées de la protection de la Bienheureuse Germaine, la mère supérieure ait laissé reprendre aux choses leur cours ordinaire. Mais elles seront moins surprises quand elles sauront que l'attention de la supérieure et celle de la communauté se portait tout entière sur un autre fait non moins prodigieux dont nous allons joindre le récit à ce que nous avons déjà rapporté.

On n'avait pas cessé d'invoquer la Bienheureuse Germaine dans la communauté du Bon-Pasteur. La protection miraculeuse qu'elle avait accordée à la maison avait mis dans les cœurs une confiance plus vive; et, non contentes des prières qui se faisaient en commun, beaucoup lui donnaient des témoignages particuliers de leur dévotion. La médaille de la Bienheureuse était encore suspendue dans le grenier, et l'intention spéciale de la supérieure comme des sœurs était toujours d'obtenir la multiplication de la farine. C'était là le refrain habituel de toutes les prières et de toutes les espérances. Dieu, qui n'a qu'à ouvrir la main pour combler toutes les créatures de ses bénédictions, voulut cette fois manifester la gloire de sa servante d'une manière encore plus admirable (1).

Il ne sera peut-être pas hors de propos de donner

Vers les derniers jours d'octobre 1845, on avait apporté dans la maison du Bon-Pasteur trois cent soixante boisseaux de farine, produits d'un nombre égal de boisseaux de blé achetés pour l'approvisionnement de la maison. On plaça trois cent de ces boisseaux de farine dans le grenier ; les soixante autres, laissés dans des sacs, furent mis dans un appartement

ici une petite note sur la manière dont on fait le pain au Bon-Pasteur de Bourges, et sur la capacité de la corbeillée dont il est question, afin que chacun puisse mieux juger de la valeur de cette multiplication prodigieuse.

Dans les années 1845 et 1846, on faisait le pain tous les cinq ou six jours. A chaque jour de cuisson on faisait deux fournées, l'une dès le matin, et l'autre vers onze heures. On employait pour chaque fournée douze corbeillées de farine. La corbeillée représente la valeur du boisseau de trente livres et contient environ vingt-trois livres de farine. Les douze corbeillées donnent ordinairement vingt pains de vingt livres chacun ; par conséquent douze corbeillées donnent quatre cents livres de pain.

Il est facile maintenant de calculer, d'après ces notions, quelle fut la quantité de farine ou de pâte multipliée dans le pétrin aux différentes fournées miraculeuses. A la première fournée, on eut une multiplication de quatre corbeillées, c'est-à-dire de quatre-vingt douze livres de farine ; à la seconde fournée, une multiplication de huit corbeillées ou de cent quatre-vingt-quatre livres de farine ; aux deux fournées de la cuisson suivante, une multiplication de six corbeillées pour les deux fournées, ou de cent trente-huit livres de farine, en tout quatre cent quatorze livres de farine ou cinq cent quarante livres de pain.

à part. Suivant le cours ordinaire des choses, les trois cents boisseaux de farine placés dans le grenier devaient suffire à peine à la consommation des mois de novembre et de décembre, puisqu'à cette époque il fallait ordinairement de cent cinquante à cent soixante boisseaux de farine par mois pour la communauté du Bon-Pasteur. Les sœurs boulangères commencèrent à employer la farine des trois cents boisseaux dans les premiers jours de novembre, le 3 ou le 4. Dans la seconde semaine de décembre, l'une d'elles, chargée spécialement du soin de la farine, s'aperçut qu'elle ne diminuait pas dans les proportions ordinaires, et qu'après en avoir pris, elle en retrouvait toujours davantage. Elle fit part de ces remarques à l'autre sœur boulangère qui eut occasion de le voir par elle-même et de reconnaître d'une manière évidente la multiplication miraculeuse. Car, deux fois différentes, dans la première quinzaine de décembre, ayant pris quinze corbeillées de farine qu'elle déposait sur le moulin à bluter, elle vit que le tas de farine ne diminuait pas. Les sœurs boulangères ne furent pas les seules témoins de ce prodige ; la supérieure et plusieurs des sœurs eurent lieu de s'assurer, à diverses reprises, dans le cours de décembre, que la farine ne diminuait pas, quoique le nombre des personnes qui habitaient la communauté et la consommation fussent toujours les mêmes. Enfin, la supérieure voulut que toutes les religieuses de la maison eussent la consolation de contempler le miracle de leurs propres yeux. Le premier dimanche de janvier 1846, elle les conduisit toutes au grenier, et là, quel fut leur étonnement de voir que sur trois cents boisseaux de farine qui, naturellement, auraient dû être consommés dans les deux mois de novembre et de décembre, il en restait encore de quatre-vingts à cent boisseaux ! Elles ne purent s'empêcher de voir le doigt de Dieu dans ce miracle de sa miséricorde, et, par un mouvement spontané, elles se prosternèrent toutes à genoux, pleines de reconnaissance pour la Bienheureuse Germaine, et, après avoir baisé respectueusement le plancher du grenier où venait de s'accomplir le miracle, elles récitèrent, les bras en croix, un *Pater* et un *Ave*.

Ces sentiments de reconnaissance ne tardèrent pas à passer dans tous les cœurs, et, pendant le mois entier, toutes, religieuses et élèves, ne cessèrent de s'entretenir de la multiplication miraculeuse. La farine qui jusque-là s'était multipliée insensiblement, cessa de se multiplier vers la mi-janvier. Ce fut alors seulement qu'on put s'apercevoir qu'elle diminuait à mesure qu'on en prenait, mais il resta assez de cette farine miraculeuse pour nourrir toute la maison jusqu'à la fin du mois. Le 28 janvier, qui fut un jour de cuisson, il y eut encore suffisamment de cette même farine pour faire les vingt pains de la première fournée ; et ce jour-là seulement on commença à entamer, pour la seconde fournée, la farine des soixante boisseaux qu'on avait laissé dans les sacs. Ainsi, cette provision de farine, qui devait durer deux mois seulement, dura trois mois entiers, c'est-à-dire que cette multiplication miraculeuse s'éleva à cent cinquante boisseaux de farine ou quatre mille cinq cents livres de pain.

Depuis ce temps, la Bienheureuse Germaine n'a pas cessé de couvrir de sa protection la maison du Bon-Pasteur de Bourges. Il nous serait facile de citer plusieurs occasions où le miracle de la multiplication de la pâte se renouvela, et principalement le 11 septembre 1847, dans le moment même où la commis-

...ion d'enquête, réunie dans la chapelle du Bon-Pasteur, interrogeait les témoins des faits miraculeux que nous venons de raconter. Mais le développement rapide qu'a pris la maison n'est pas un prodige moins éclatant. Une chapelle, de vastes bâtiments, un personnel plus que doublé, puisque de 126 qu'il était en 1845, il s'élève maintenant à plus de 250 ; telles sont les faveurs dont la communauté tout entière se croit redevable à l'intervention de sa bienheureuse protectrice. Et si on se rappelle qu'en commençant à l'invoquer, la mère supérieure avait l'intention générale d'obtenir des ressources pour sa maison, on voit avec quelle tendre sollicitude la Bienheureuse a répondu à la confiance qu'elle avait mise en elle.

CONCOURS

Extrordinaire et continuel de peuples au tombeau
de la Bienheureuse Germaine.

Je ne sais, dit un de ses biographes, s'il faut appeler effet ou plutôt occasion des miracles si nombreux et si éclatants par lesquels Dieu se plaît à exalter la sainteté et les mérites de la Bienheureuse Germaine, ce concours de personnes de toute classe, qui vont sans interruption visiter à Pibrac le tombeau de la Bienheureuse : il est certain que la renommée des prodiges précédents attire les peuples et les excite à une vive confiance d'en obtenir de nouveaux. De là, le concours qui se fait de toutes parts pour venir, soit demander des grâces, soit accomplir des vœux en remercîment des grâces déjà reçues. Il semblerait que Dieu ait voulu dédommager sa servante des humiliations et du total oubli où elle passa sa vie, en rendant plus que jamais son tombeau glorieux après sa mort; il n'y a pas d'époque ou de saison dans l'année où ne viennent des compagnies de pèlerins, qui, réunis en troupes plus ou moins nombreuses, se rendent à Pibrac conduisant avec eux des infirmes de toute espèce : estropiés, contractés, aveugles, couverts de plaies et affligés d'autres infirmités. Il en vient même de Paris et d'autres provinces encore plus éloignées, et quelques-uns d'entre eux à pied et récitant pendant la route de pieuses prières.

Ce ne sont pas seulement des gens de la classe vulgaire, mais de nobles et riches personnages, des magistrats distingués, des cardinaux, des archevêques et évêques de siéges considérables, des prêtres et religieux de toute condition. On vit même des princes, des membres de familles royales se transporter dévotement à Pibrac pour visiter le tombeau de la Bienheureuse Germaine, et quelques-uns implorer d'elle secours et aide dans leurs infirmités, ainsi que le fit la princesse Baira, qui, ayant obtenu quelques grâces, envoya une somme d'argent au tombeau de la Bienheureuse.

Dans ces dernières années surtout, depuis que la cause de la béatification a été entamée par la Sacrée Congrégation des Rites, le concours et la ferveur des peuples s'accrurent de telle sorte qu'on dut, pour la plus grande commodité et le transport plus rapide des étrangers et des voyageurs, établir un service régulier de voitures, qui, chaque jour, partent et retournent plusieurs fois tour à tour de Toulouse à Pibrac.

Ainsi, là où auparavant il n'y avait qu'une pauvre et mesquine bourgade dont on connaissait à peine le nom, on trouve un village qui, grâce aux vénérables ossements de Germaine, ce précieux trésor, qu'il renferme, est devenu célèbre et renommé par tout le royaume et même à l'étranger, et qui, ayant perdu son nom propre, est communément appelé par tout le monde, non plus *Pibrac*, mais *Sainte-Germaine*.

Et, en effet, il a bien raison de garder avec une jalouse sollicitude ces dépouilles sacrées qui sont sa gloire, son ornement et sa richesse. A ce propos il ne sera pas désagréable au lecteur de lire le récit suivant.

On avait désiré à Toulouse commencer le procès d'enquête touchant la vie et les miracles de la servante de Dieu, et on voulait y joindre un autre procès qui s'appelle *de non cultu*, dans lequel on doit prouver par les dépositions devant témoins que l'on n'a pas rendu ou qu'on a supprimé toute espèce de culte public non approuvé par le saint-siége ou non conforme aux décrets d'Urbain VIII. Or ce procès ne pouvant pas se faire à Pibrac et au lieu même où était le tombeau de la servante de Dieu, Mgr l'archevêque de Toulouse ordonna que la commission qui était chargée de l'informer s'y transportât. On ne sut pas plutôt dans la terre de Pibrac que, à peu de jours de là, viendraient de Toulouse le vicaire général et avec lui les autres chanoines, procureurs et notaires ecclésiastiques, que tous commencèrent à soupçonner, puis regardèrent pour certain que ce serait précisément là le moment où on leur enlèverait le corps de la sainte bergère.

Il s'adjoignit pour exciter la susceptibilité du peuple certaines personnes intéressées du pays, qui, craignant de perdre, par la soustraction des pieuses reliques, le gain qu'ils retiraient du concours de pèlerins, appuyèrent les réclamations de la rumeur publique et excitèrent les esprits, déjà échauffés, à résister avec force ; tout cela fit que le village fut en un instant tout en soulèvement et en tumulte : riches et pauvres, grands et petits, gens de tout âge et de toute condition, se levèrent en grande rumeur, et, respirant l'indignation et la colère, ils se portèrent en foule et se mirent à tourner et retourner autour de l'église et du cimetière, prêts à garder et à défendre, même au prix de leur vie, le dépôt sacré de la dépouille de la bergère.

Sur ces entrefaites, arriva de Toulouse la commission qui fut accueillie de loin par des cris tumultueux et par les plus ardentes menaces. Ayant appris la cause du tumulte, le vicaire général harangua la multitude ; mais on put à peine entendre sa voix. Le peuple, furieux de plus en plus, faisait entendre des vociférations de toutes parts, et le curé d'une paroisse voisine eut le bras tout contusionné d'un coup de pierre.

A la fin, non sans grande difficulté, on obtint d'entrer dans l'église, qui aussitôt se remplit d'une foule de peuple. Alors les plus jeunes et les plus emportés élevèrent la voix et poussèrent ce cri : « Nous ne voulons pas de béatification ! Que sainte Germaine nous guérisse ici dans nos infirmités, et cela nous suffit ! nous n'en désirons rien autre chose. Sainte Germaine est notre propriété, nous ne la céderons pour rien au monde, et nous ne permettrons jamais qu'elle soit enlevée d'ici. »

Le vicaire général, M. Jacques Baillès, plus tard évêque de Luçon, s'efforça à plusieurs reprises de calmer la multitude ; mais tout fut inutile : ces écervelés ne voulaient rien entendre.

Enfin il se fit un moment de silence, on put élever la voix et protester qu'on n'avait jamais eu l'intention d'enlever le corps de Germaine ; que ses restes sacrés ne quitteraient pas Pibrac ; que personne, ni avant ni après la béatification, n'oserait jamais les soustraire ; que telle était l'intention de Mgr l'archevêque de Toulouse, et que rien ne serait changé à l'état actuel des choses, ainsi qu'il l'avait assuré lui-même. Mais le vicaire général et les autres commissaires avaient beau dire et protester, le peuple, dans cette effervescence des esprits, ne voulait ni les écouter ni se fier à eux. C'est pourquoi toute cette première session se tint au milieu du bruit, des menaces et des protestations.

Le préfet du département et le procureur général voulaient en venir à la voie des châtiments contre les principaux auteurs du tumulte ; mais les autorités ecclésiastiques intervinrent, demandant grâce et merci pour les coupables, qui en définitive n'en étaient venus à cet excès que parce qu'ils étaient mus par un sentiment de vénération et de jalouse sollicitude pour ce trésor sacré qu'ils possédaient et qu'ils voulaient avant tout garder comme leur propriété.

DÉCRET

Sur les vertus héroïques de la vénérable servante
de Dieu Germaine Cousin.

L'Eglise de Jésus-Christ, que la Sainte Ecriture nous représente toute brillante de ses divers ornements, a toujours donné pour preuve de sa céleste origine des marques aussi magnifiques que multipliées. C'est ainsi qu'elle se plaît à montrer une série non interrompue de héros chrétiens de tout âge et toute condition, dont la vie si pure fait voir la sainteté de la société catholique, en même temps qu'elle offre à chacun, dans les diverses positions de la vie, de parfaits exemples de vertu à imiter. Ainsi se distingua entre autres une humble jeune fille, simple bergère, appelée Germaine Cousin. Elle naquit en 1679, au village de Pibrac, dans le diocèse de Toulouse. Préposée dès son enfance à la garde d'un troupeau, elle passa sa courte vie dans les champs, affligée par une maladie qu'elle avait apportée en naissant, manquant de tout, souvent du nécessaire, exposée aux intempéries des saisons, tournée en ridicule par ses compagnes, et ne recevant dans la maison paternelle que de mauvais traitements. Mais Dieu l'aima beaucoup, à cause de la merveilleuse pureté de sa vie tout entière, de son excellente piété, de son irréprochable exactitude à remplir les devoirs de sa charge, de son incomparable douceur, de son insigne constance et de sa tendre charité pour le prochain. Elle était toujours prête à remplir envers tous, ne sachant point distinguer entre amis ou ennemis, tous les devoirs que cette dernière vertu prescrit, soit pour l'âme, soit pour le corps, jusqu'à ce point qu'elle ne faisait point difficulté de se priver chaque jour, même du nécessaire, pour en faire part aux indigents. Cette jeune fille, ayant peu vécu, remplit cependant par sa vertu le cours d'une longue vie, et elle sortit subitement de ce monde, âgée de vingt-deux ans.

La réputation de sainteté que lui avaient valu ces sublimes vertus s'accrut au moment de sa mort et ne se démentit pas après son décès. Elle reçut même un plus beau lustre quarante-trois ans après, époque où son corps fut levé de la terre où il avait été déposé. On le trouva tout entier, et ses membres avaient conservé leur souplesse. Alors, à sa réputation de sainteté vint se joindre une grande réputation de miracles; mais la pauvreté du bourg qui l'avait vu naître, et le peu de connaissance qu'on avait alors des formalités à remplir pour la poursuivre des procès relatifs à la canonisation des saints, furent cause que les visites et les enquêtes faites par l'ordinaire, jusqu'en 1700, n'aboutirent qu'à constater l'intégrité et l'identité du corps de Germaine, et à dresser des procès-verbaux des miracles que l'on racontait avoir été opérés par son intercession. Les choses en étaient là, lorsque survinrent, en France, ces bouleversements déplorables qui attirèrent sur l'Eglise tant de malheurs, la privèrent de ses ressources, et mirent un obstacle insurmontable à toute poursuite de procès de canonisation. Mais en 1845, comme on goûtait quelque repos, une enquête fut faite par l'autorité de l'ordinaire sur la réputation de sainteté, les vertus et les miracles de cette jeune fille, et présentée à la sacrée Congrégation des Rites. Elle se trouva appuyée des prières de presque tous les archevêques de France, et du clergé séculier et régulier, qui conjuraient le saint-siège de procéder à la béatification de Germaine.

Tels sont les commencements de la cause. Or, après avoir rempli tous les préliminaires prescrits par les règles et l'usage de la susdite Congrégation, on aurait dû s'occuper, le xᵉ des calendes de février 1849, des vertus héroïques de la servante de Dieu dans une Congrégation antépréparatoire, qui se serait tenue chez le Révérendissime Cardinal Aloysius Lambruschini ; mais, vu le malheur des temps, en vertu d'un indult apostolique, on recueillit les suffrages des consulteurs, et cela équivalut à la Congrégation elle-même. On revint encore à l'examen des vertus le xxᵉ des calendes de décembre de la même année, au palais apostolique du Quirinal, en présence des Révérendissimes Cardinaux préposés à la garde des Rites. Il fut reconnu dans les débats que les difficultés soulevées jusqu'alors avaient été si bien résolues qu'il n'y avait plus lieu de craindre d'en voir surgir de nouvelles ; ce qui détermina le Souverain Pontife à ordonner que la cause serait proposée à la prochaine Congrégation générale, avec les mêmes oppositions et les mêmes réponses. Cet examen des vertus fut enfin terminé dans l'assemblée générale qui se tint au palais apostolique du Vatican, en présence de notre Saint-Père le Pape Pie IX, la veille des ides de mai de l'année suivante. On y proposa le doute : « S'il consiste des vertus théologales, la Foi, l'Espérance et la Charité envers Dieu et le prochain, ainsi que des vertus cardinales, la Prudence, la Justice, la Force et la Tempérance, et de ce qui y a rapport, pratiquées en un degré héroïque dans le cas, et pour l'effet dont il s'agit. » Les Révérendissimes Cardinaux et tous les Pères déclarèrent que Germaine Cousin avait pratiqué ces vertus jusqu'à l'héroïsme. Toutefois, le Souverain Pontife différa de rapporter sa sentence pour pouvoir recourir au secours divin et aux lumières célestes ; ce qu'il recommanda de faire aux assistants avec une bonté toute particulière.

Il examina encore cette affaire en son particulier avec toute l'attention convenable et des prières soutenues ; et ce jour de la très sainte Trinité, il célébra très pieusement le saint srcrifice de la messe dans la chapelle Sixtine au Vatican, et ayant imploré de nouveau le secours divin, le même Souverain Pontife fit venir en sa présence le Révérendissime Seigneur Cardinal Aloysius Lambruschini, évêque de Porto, Sainte-Rufine et Civita-Vecchia, préfet de la sacrée Congrégation des Rites et rapporteur de la cause, le R. P. André-Marie Frattini, promoteur de la Foi, et moi : secrétaire soussigné, et il décréta formellement : « Il
» conste des vertus théologales et cardinales de la
» vénérable Germaine, à ce point qu'on peut passer
» outre à la discussion des quatre miracles. »

Il ordonna de plus que ce décret fût publié et rapporté dans les actes de la sacrée Congrégation des Rites, le vii° des calendes de juin 1850.

Place † du sceau.

A. Card. Lambruschini,
Évêque de Porto, Sainte-Rufine et Civita-Vecchia,
Préfet de la sacrée Congrégation des Rites.

J.-J. Fattati,
Secrétaire de la sacrée Congrégation des Rites.

DÉCRET

Sur les miracles opérés par l'intercession de la vénérable servante de Dieu Germaine Cousin.

Dieu, qui fait le pauvre et le riche, qui élève et qui humilie, se plut à combler de ses dons la vénérable jeune fille, Germaine Cousin, dans le courant du xvi° siècle au village de Pibrac, diocèse de Toulouse, de parents pauvres, dans une humble chaumière. Nulle distinction ne la signala aux regards du monde ; on lui confia seulement, depuis son enfance jusqu'à la mort, le soin de garder un troupeau dans les champs. Mais telles furent pour elle les attentions de la Providence, qu'il fut visible à tous, parents et étrangers, justes et pécheurs, que le Très-Haut, par un effet de sa merveilleuse, toute-puissance, avait élevé en elle l'indigent de la poussière et le pauvre du fumier. Sa course ne se prolongea guère au delà de la vingtième année. Elle eut à soutenir, durant ce temps, de continuelles infirmités, la disette de toutes choses, même de celles qui sont nécessaires à la vie, les railleries de ses compagnes, et des persécutions domestiques. Mais après sa mort, de nombreux miracles, opérés par l'intercession de cette jeune fille, démontraient clairement qu'elle était assise sur un trône de gloire, en la compagnie des princes de la Cour céleste.

Déjà notre très Saint-Père le Pape Pie IX, par un décret daté du viie des calendes de juin 1850, avait déclaré que les vertus de Germaine s'étaient élevées jusqu'à l'héroïsme. Pour montrer plus clairement sa sainteté et lui faire obtenir qu'on pût élever des autels en son honneur, les postulateurs de sa cause choisirent quatre miracles parmi plusieurs autres, que Dieu daigna opérer en des circonstances diverses par l'intercession de Germaine (telle était l'obligation qui leur était imposée), pour les soumettre aux épreuves juridiques, selon la coutume et les lois établies. On les discuta d'abord dans l'assemblée antépréparatoire de la sacrée Congrégation des Rites, tenue le ive des nones de décembre 1851, chez le Révérendissime Seigneur Cardinal Aloysius Lambruschini, rapporteur de la cause, ensuite dans l'assemblée préparatoire tenue le ixe des calendes de l'année suivante 1852, au palais apostolique du Vatican, en présence des Révérendissimes Cardinaux attachés à la sacrée Congrégation des Rites, et enfin à l'assemblée générale tenue le xiiie des calendes de mai de l'année suivante, en présence de notre très Saint-Père le Pape Pie IX. Ce fut là que le Révérendissime Seigneur Cardinal Constantin Patrizi, évêque d'Albana et vicaire de Rome, proposa, au lieu du Révérendissime Seigneur Cardinal rapporteur, le doute suivant : *S'il conste de miracles, et de quels miracles, dans le cas et pour l'effet dont il s'agit.* Les Révérendissimes Cardinaux et les autres Pères consulteurs donnèrent chacun leurs suffrages.

Notre très Saint-Père le Pape les écouta attentivement ; mais, ne voulant pas prononcer sa sentence définitive, les congédia avec des paroles de bonté, et vu la très grande importance de ce jugement, il les exhorta à adresser à Dieu de ferventes prières. On pria selon son désir, et dès lors Sa Sainteté, ne voulant plus admettre de nouveaux délais, résolut de manifester son opinion en ce jour où l'on célèbre la fête de l'Ascension de Notre Seigneur Jésus-Christ dans les cieux ; et ayant offert dans les sentiments de la plus profonde piété l'hostie de l'alliance sacrée et redoublé ses prières pour obtenir les secours de la lumière céleste, il se rendit, selon la coutume ancienne des Souverains Pontifes, dans l'archibasilique patriarcale de Latran, où il assista, avec le sacré Collége, à une messe solennelle ; et ayant donné au peuple, du haut du balcon la bénédiction apostolique, il se rendit à la sacristie de la susdite église ; il y fit venir devant lui le Révérendissime Seigneur Cardinal Aloysius Lambruschini, évêque de Porto, Sainte-Rufine et Civita-Vecchia, préfet de la sacrée Congrégation des Rites et rapporteur de la cause, ainsi que le R. P. André-Marie Frattini, promoteur de la Foi, et moi, soussigné, prosecrétaire ; et il prononça solennellement en leur présence :

» *Qu'il conste de quatre miracles, les deux premiers du second ordre, et les deux autres du premier ordre,* opérés de Dieu sur l'invocation du secours de la vénérable Germaine Cousin, savoir : le premier, multiplication de pain ou de pâte ; le second, multiplication de farine ; le troisième, guérison instantanée et parfaite de Jacquette Catala, du rachitis ; le quatrième, guérison instantanée et parfaite de Philippe Lucas, d'une fistule avec carie. »

Il ordonna en outre que ce décret fût publié et inséré aux actes de la sacrée Congrégation des Rites, ce IIIe des nones de mai 1853.

Place du † sceau.

A. Card. LAMBRUSCHINI,
Evêque de Porto, Sainte-Rufine et Civita-Vecchia,
Préfet de la sacrée Congrégation des Rites.

Dominique GIGLI,
Prosecrétaire de la sacrée Congrégation des Rites.

BREF DE BÉATIFICATION.

PIE IX, SOUVERAIN PONTIFE,

POUR EN CONSERVER LE SOUVENIR.

Dieu, créateur et arbitre immortel de toutes choses, n'a rien tant en horreur que l'orgueil insensé des hommes : aussi a-t-il frappé et rempli d'affliction ceux qui, comptant sur eux-mêmes, se sont laissés aller à une vaine présomption, tandis que, soutenant par son assistance divine les humbles et les petits, il les a destinés à l'accomplissement des œuvres les plus étonnantes. Nous le voyons dans l'histoire de l'Ancien-Testament, dirigeant lui-même la main d'un jeune homme, pour abattre l'audace de ce géant qui faisait l'espoir de l'armée des Philistins; nous le voyons encore remplissant d'une ardeur guerrière une faible femme, pour mettre à mort Holopherne. De semblables prodiges se sont renouvelés dans tous les siècles suivants où Dieu s'est plu à choisir ce qu'il y a d'infime en ce monde pour confondre ce qui est fort. Nous en avons un exemple frappant au xvie siècle. On vit alors des hommes de je ne sais quelle vaine sagesse, ennemis de Dieu au-delà de toute mesure, essayer de captiver sous les lois de l'orgueil une intelligence qui se devait toute à la Foi, enfanter, pour la ruine des âmes, les plus abominables systèmes de monstrueuses erreurs. Mais en même temps une humble et simple jeune fille, issue d'un bourg sans renom, vraie et sincère dans la pratique de la dévotion, aidée d'en haut par l'esprit de sagesse et d'intelligence, dépassa tout ce qu'on pouvait attendre de son âge et de sa condition dans l'exercice des plus sublimes vertus; et, comme un astre nouveau, elle répandit un merveilleux éclat, non-seulement sur l'Eglise de France qui l'avait vu naître, mais encore sur l'Eglise universelle. Or, ce fut à Pibrac, bourg du diocèse de Toulouse, qu'elle naquit de parents pauvres, en 1579 ; et, dans sa régénération dans les eaux du baptême, elle reçut le nom de GERMAINE. Destinée à souffrir dès le début de sa carrière, elle aperçut devant elle la voie des plus amères douleurs, et elle y entra avec un cœur inondé de joie. Elle avait perdu sa mère de bonne heure, et une marâtre sévère lui fit sentir les plus mauvais traitements. Rejetée, à son instigation, du toit paternel, tout affligée qu'elle était des écrouelles, elle fut chargée de garder un troupeau. Ce genre de vie fut pour cette vénérable jeune fille l'occasion d'avancer à grands pas dans la pratique de la perfection. La solitude des champs et le silence des forêts ne leur offrant rien qui pût fixer son cœur et l'attacher aux choses périssables de la terre, elle consacra à Dieu irrévocablement. Brûlant d'amour pour lui, soit qu'elle conduisît ses brebis aux pâturages, soit que, selon les habitudes de son sexe, elle filât sa quenouille, jamais elle ne perdit l'esprit d'oraison.

Fidèle à ses pratiques de piété, elle ne put être détournée de leur accomplissement ni par la longueur des trajets, ni par le mauvais état des chemins. Elle laissait son troupeau au milieu des forêts, et, se reposant avec confiance sur les soins de la Providence divine, quelque éloignée qu'elle fût de l'église, elle s'y rendait tous les jours pour assister au saint sacrifice. Elle aimait à se purifier souvent par le sacrement de pénitence, et puis elle allait s'asseoir à la table sainte pour s'y nourrir de la divine Eucharistie. Elle honorait d'une vénération toute filiale la sainte Mère de Dieu, et lui rendait fréquemment les hommages de son respect et de sa dévotion. Son cœur, tout brûlant d'amour pour Dieu, ne s'en ouvrait pas moins à la charité envers le prochain ; elle lui venait en aide, selon ses humbles ressources, toutes les fois que l'occasion s'en présentait, soit pour l'âme, soit pour le corps.

Ainsi, elle avait l'habitude d'apprendre aux enfants les mystères de la foi et de les former à la piété ; et, quoiqu'elle n'eût, pour toute nourriture, qu'un peu de pain, elle s'en privait pour apaiser la faim des indigents. Elle donnait des preuves éclatantes et singulières de sa douceur, de sa patience et de sa constance dans le bien. Elle endurait, en veillant au troupeau qui lui était confié, les rigueurs du froid et du chaud. Elle souffrait, dès son enfance, de la maladie des écrouelles. Toutes les fois qu'elle rentrait dans la maison paternelle, c'était, de la part de la marâtre, de mauvais traitements, qui semblaient croître chaque jour en dureté et en rigueur. Si elle voulait prendre un peu de repos, elle était obligée de se coucher sur de la paille dure, dans un réduit obscur de la maison. Ces souffrances et ces vexations ne purent l'abattre : bien au contraire, on vit toujours la gaîté sur son front, signe non équivoque du bonheur qu'elle ressentait de souffrir et d'être méprisée, pour devenir conforme à l'image du Fils de Dieu.

Tandis que cette jeune fille, pleine d'innocence, persévérait avec joie et ardeur dans le dessein qu'elle avait formé de tendre à la perfection, mûre pour la récompense qu'avaient mérité ses travaux, elle reçut, à l'âge de vingt-deux ans, une vie éternellement bienheureuse en échange de cette vie périssable et pleine de misères. Tout le monde avait été frappé de la splendeur de tant de vertus ; on la regardait comme une sainte, et cette réputation de sainteté, loin de cesser ou de diminuer après sa mort, ne fit que s'étendre de tous côtés. Elle s'accrut même, lorsque, quarante ans après le décès de cette jeune vierge, on trouva ses dépouilles mortelles parfaitement conservées, sans la moindre corruption, et recouvertes de fleurs d'une fraîcheur remarquable. Ce prodige fut le prélude d'un nombre considérable d'autres prodiges que la puissance suprême opéra sur le tombeau de la servante de Dieu. Le bruit en vint aux oreilles de l'autorité archiépiscopale de Toulouse, qui trouva bon de faire de juridiques informations sur ces miracles et sur ces dépouilles mortelles encore dans le sein de la terre, mais toujours sans corruption ; et deux témoins oculaires, qui avaient bien connu Germaine pendant sa vie, affirmèrent leur identité. Les prélats qui se succédèrent alors sur le siége de Toulouse reconnurent que ces belles vertus, auxquelles Dieu lui-même rendait témoignage, méritaient d'être déférées au siége apostolique, afin qu'il plaçât au rang des saints celle qui les avait pratiquées. Mais survinrent ces temps si douloureux et si funestes pour l'Eglise de France et même pour l'Eglise universelle qui amenèrent des obstacles à la poursuite de cette affaire. On ne saurait toutefois assez vénérer les desseins de la divine Providence, qui a réservé cette cause pour l'époque où nous vivons, afin que l'exemple de cette jeune fille qui, par l'innocence de sa vie et la pratique de l'humilité, est parvenue à la gloire des bienheureux, ranime et fortifie la foi presque éteinte dans le cœur de plusieurs, et que les mœurs s'amendent selon les règles de la religion chrétienne. Néanmoins, comme il s'était écoulé deux cent quarante-deux ans depuis la mort de la vénérable servante de Dieu, il semblait presque impossible de recueillir assez de témoignages pour informer et juger sur les vertus et sur les miracles opérés par son intercession, afin qu'elle pût être inscrite sur le catalogue des bienheureux. Mais Dieu qui élève les humbles a fait disparaître toutes les difficultés, et il faut convenir que ce n'est pas une Providence toute spéciale que la traduction des actions de la vénérable Germaine et des prodiges qui la concernent soit parvenue jusqu'à nous, constante et sans altération. Ce qui frappe d'abord, c'est que l'on voit encore à Pibrac des familles qu'on y voyait tandis que Germaine était encore sur la terre, et qu'il se soit rencontré dans ces familles des membres dont la vie avait été assez prolongée pour qu'à l'aide de trois ou quatre témoins le souvenir soit arrivé jusqu'à nous. Tout ce qui touche aux vertus de cette vierge très innocente et à la série non interrompue de ces miracles a été transmis des bisaïeux aux aïeux, aux petits-fils et à leurs descendants, avec tant d'assurance et d'intégrité que,

3..

dans une si longue suite d'années, on remarque, dans les récits de tous, une admirable ingénuité, une admirable simplicité, un admirable accord; ce qui constitue des caractères très certains et des preuves incontestables de vérité. Aussi, après un soigneux examen des vertus de la vénérable Germaine, fait par nos vénérables frères les cardinaux de la sainte Église romaine, préposés à la Congrégation des Rites, et après avoir adressé à Dieu de ferventes prières, nous avons déclaré ouvertement, par un décret publié le viie des calendes de juin 1850, qu'il constait des vertus de la servante de Dieu en un degré héroïque. Alors, et dans la même Congrégation, a été commencé le jugement sur quatre miracles que l'on disait avoir été opérés de Dieu par son intercession.

Après un sévère examen, ces miracles furent approuvés d'après les suffrages des consulteurs et l'avis des cardinaux; et Nous, ayant d'abord imploré l'assistance et le secours du Père des lumières, avons rendu, le iiie des nones de mai de l'année dernière 1853, un décret sur la vérité des miracles précités. Enfin, et pour dernière formalité, la susdite Congrégation a été assemblée devant Nous, selon l'usage, la veille des calendes de juin, et après avoir recueilli les suffrages des consulteurs, elle a été d'avis, à l'unanimité, que, lorsque Nous le trouverions à propos, on pourrait en sûreté décerner à la vénérable servante de Dieu les honneurs de la béatification, avec tous les indults qui y sont attachés, en attendant la célébration solennelle de sa canonisation. Pour Nous, touché des prières de tous les évêques de France, de tout le clergé, tant régulier que séculier, sur l'avis des cardinaux précipités, chargés de veiller à ce qui regarde les Rites légitimes, de notre autorité apostolique, accordons, par la teneur des présentes lettres, la faculté de désigner désormais la vénérable servante de Dieu Germaine Cousin, sous le nom de Bienheureuse, et d'exposer publiquement à la vénération des fidèles son corps, ses restes ou reliques, avec la restriction cependant qu'ils ne seront pas portés aux processions solennelles. Nous permettons encore, par la même autorité, la récitation de l'office en son honneur, et la célébration de la messe prise du commun des vierges, avec les oraisons propres approuvées par Nous, selon les rubriques du Missel et du Bréviaire romains. Nous limitons toutefois cette faculté à la paroisse de Pibrac et au diocèse de Toulouse, fixant le 15 juin à tous les fidèles séculiers et réguliers qui sont tenus à la récitation des heures canoniales ; et, pour la messe, elle pourra être célébrée par les prêtres qui se rendront dans les églises où se célébrera la fête de la Bienheureuse. Nous accordons enfin la permission de célébrer la solennité de la béatification de la susdite servante de Dieu dans les églises du diocèse de Toulouse, avec office et messe du rite double-majeur, dans l'année qui suivra l'expédition des présentes. Nous prescrivons toutefois que le jour de cette solennité sera fixé par l'ordinaire, et après seulement qu'elle aura été célébrée dans la basilique du Vatican, nonobstant les constitutions et dispositions apostoliques, décrets de non-culte, publiés jusqu'à ce jour, et tous actes contraires. Nous voulons, au surplus, que même foi absolument soit ajoutée aux copies, même imprimées, des présentes lettres, pourvu qu'elles soient signées de la main du secrétaire de la susdite Congrégation et munies du sceau de son préfet, que celle qu'on ajouterait à l'expression de notre volonté par la manifestation de présentes.

Donné à Rome, à Saint-Pierre, sous l'anneau du pêcheur, le premier jour du mois de juillet 1853, la huitième année de notre pontificat.

A. Card. LAMBRUSCHINI.

Place † du sceau.

CÉRÉMONIES

De la béatification de Germaine à Rome.

Le dimanche 7 mai 1854, troisième dimanche après Pâques, fête du patronage de saint Joseph, la basilique de Saint-Pierre a vu la belle et touchante solennité du triomphe de la Bienheureuse bergère de Pibrac. La fête de cette humble fille a surpassé en éclat et en bon goût toutes les fêtes de même nature célébrées à Rome depuis un grand nombre d'années.

Au dehors de la Basilique, sous le balcon où le Père commun des fidèles bénit la ville et le monde, un étendard représentait la Bienheureuse s'élançant vers la céleste patrie, en compagnie des Anges. Dans un lointain, adroitement ménagé, on voyait le petit village de Pibrac, où fut son berceau, où est sa tombe vénérée, puis le champ où elle passa sa vie solitaire, et la petite croix de bois où elle venait s'encourager à la patience pour l'amour de Jésus crucifié. Sous cet étendard on lisait cette inscription :

GERMANA. COVSINIA. VIRGO TOLOSAS.
VIRTVTIBVS. PRODIGIIS. PRÆCELLENS.
A. PIO. IX. PONTIFICE. MAXIMO.
MINORIBVS. COELITVM. HONORIBVS. CELEBRATVR.
NOBIS. MAII. ANNO. CHRISTI. MDCCCLIIII.

Germaine Cousin, vierge du diocèse de Toulouse, éminente en vertus, en miracles, reçoit les honneurs de la béatification du Souverain Pontife Pie IX, le 7 mai 1854.

Au portique, au-dessus de la grande porte de bronze, une gracieuse peinture rappelait le miracle des fleurs. Dans l'intérieur, la statue de bronze de saint Pierre, dont les fidèles en passant baisent le pied usé par les hommages de tant de générations, était parée de ses plus riches ornements. On avait posé sur sa tête la triple couronne émaillée de pierreries. On eût dit que le prince des Apôtres était là pour se réjouir de la gloire rendue, dans la basilique, à la jeune vierge introduite par lui dans la gloire des cieux.

Aux deux gros piliers de la coupole, étaient appendus deux immenses écussons aux armes de Pie IX, et au-dessous on lisait deux brillantes inscriptions où étaient retracés d'une manière touchante la tendresse du T. S. Père pour notre France et ses vœux ardents pour notre bonheur.

A la tribune ornée de candélabres d'or et de lustres de cristal, quatre toiles peintes avec un rare talent, représentaient les quatre miracles juridiquement discutés et approuvés par la S. Congrégation. La voûte du temple était illuminée par une croix radieuse et deux cents lustres formaient une couronne étincelante dont les milliers d'étoiles remplissaient tout le fond de la basilique. Au centre d'un foyer ardent de lumière, on apercevait un tableau encore recouvert d'un voile.

A dix heures et demie, les EE. RR. Cardinaux, les consulteurs de la S. Congrégation, le postulateur de la cause, Monseigneur Estrade, l'ambassadeur de France, le général commandant la division française, les personnes les plus distinguées venues à Rome pour cette fête, M. l'abbé Berger, vicaire-général de Toulouse; des chanoines de cette métropole, des évêques, des prélats et des princes prennent leur place dans une enceinte réservée sous une voûte étincelante de mille feux.

Deux compagnies d'élite du 40e de ligne font le service d'honneur de cette fête toute française.

Mgr Estrade et le secrétaire de la S. Congrégation des Rites, prosternés aux pieds des EE. RR. le Cardinal-Préfet et le Cardinal-Archiprêtre de la basilique, représentants du Saint-Père, sollicitent la permission de proclamer le bref de béatification.

La lecture du bref terminée, on entonne le *Te Deum*; l'image de la bienheureuse Germaine, placée dans la gloire, est dévoilée; elle apparaît au milieu des Anges, montant au ciel. Tout le monde tombe à genoux, les yeux sont baignés des plus douces larmes, les plus ferventes prières montent vers la nouvelle protectrice que l'Église vient de donner à ses enfants, et le chant de l'hymne de la reconnaissance se poursuit et s'achève au milieu des volées du clocher de la basilique et des salves d'artillerie du château Saint-Ange.

Après le *Te Deum*, l'évêque officiant encense la relique de la Bienheureuse placée sur l'autel, et il récite l'oraison approuvée par la Sacrée Congrégation des Rites, pour invoquer l'humble bergère.

On distribue aux fidèles l'image et la vie de la Bienheureuse, et une messe solennelle en musique suit immédiatement.

Le soir, la fête prend un caractère plus frappant encore. Toute la ville de Rome veut invoquer la bienheureuse bergère de France. Tout le monde parle avec attendrissement de cette enfant bien-aimée de Dieu. Une foule immense remplit la basilique. L'éclat de l'illumination offre un spectacle sans égal. On se croit dans la splendeur des cieux.

Vers six heures et demie, le T. S. Père, suivi de tous les cardinaux, vient se prosterner pour adresser sa prière à la bienheureuse Germaine. Il prie avec ferveur et des milliers de cœurs prient avec lui, et l'Eglise et la France et le monde entier recueilleront le fruit de cette première prière du Père commun des fidèles à l'humble bergère de Pibrac, devenue une puissance du Paradis.

Douce fleur déposée sur les autels de ton Dieu, exhale tes parfums, embaume le sein de l'immortelle épouse du Sauveur, conduis au grand Roi de nombreux essaims de vierges par le charme céleste de tes vertus; et que ton nom, ô Germaine! soit pour l'Eglise de Jésus comme un printemps éternel! *Quasi flos rosarum in diebus vernis et quasi lilia quæ sunt in transitu aquæ.*

Le soir de cette belle et aimable fête, le T. S. Père,

ouvrant les trésors de l'Eglise, a daigné accorder cinquante jours d'indulgence chaque fois qu'on récite ou qu'on engage à réciter cette oraison jaculatoire :

Jésus, mon Dieu, je vous aime pardessus toutes choses..
Jesu, Deus meus, amo te super omnia.

Fêtes de Toulouse et de Pibrac. — Concours persévérant au tombeau de la Bienheureuse.

Dès que Rome eut donné le signal, Toulouse fit éclater ses transpsrts en faveur de son illustre Bergère. Un triduo solennel fut célébré dans l'église métropolitaine, où trois brillants panégyriques furent prononcés par les RR. PP. Causette, supérieur des prêtres du Sacré-Cœur de Toulouse ; Chocarne supérieur des Dominicains ; et Corail, de la Compagnie de Jésus. La vaste cathédrale ne pouvait contenir une foule empressée à vénérer et à baiser la relique de la Bienheureuse. Chaque soir, la ville entière déploya le luxe de la plus féerique illumination. Ces fêtes furent reproduites avec une pieuse émulation par toutes les paroisses de ce grand diocèse, mais il appartenait à l'heureuse bourgade de Pibrac de les surpasser toutes en splendeur. Un triduo fut célébré avec un enthousiasme supérieur à toute description ; une multitude innombrable et pénétrée était accourue de tous les départements méridionaux. Monseigneur Pie, l'éloquent évêque de Poitiers, l'abbé Salvan, chanoine de Toulouse, et le P. Corail, redirent à ces populations attendries l'histoire et les vertus de Germaine.

Les offices furent célébrés successivement par trois pontifes et par environ quatre cents prêtres; on ne pouvait faire un pas sur la place publique et aux alentours de l'église, sans rencontrer un autel improvisé, où était immolé et distribué aux fidèles le Dieu qui fait les saints. Les reliques de la glorieuse Bergère furent portées en triomphe, environnées de vierges vêtues de blanc, au milieu du chant des hymnes et des cantiques, dans ces lieux mêmes qu'avaient foulés ses pas et embaumés ses vertus.

Ces précieuses dépouilles, toujours puissantes à opérer des prodiges, reposent dans l'église de Pibrac.

FÊTES DE LA BÉATIFICATION A PIBRAC.

Voici les principaux traits d'une relation des fêtes célébrées à Pibrac. Elle était adressée à l'*Univers* par un pieux et savant ecclésiastique du diocèse d'Auch, M. l'abbé Mothe :

Pibrac, 26 juillet 1854.

« La patrie de la bienheureuse Germaine Cousin, le village de Pibrac, est située à une vingtaine de kilomètres de Toulouse. Les deux seuls monuments de la localité, l'église et le château féodal, subsistent encore comme au XVIe siècle, au temps de la bienheureuse Bergère. Seulement l'intérieur de l'église s'est revêtu d'une brillante décoration d'architecture, reflet de la gloire qui rayonne autour de la Bienheureuse ; mais la façade, le clocher et les autres murs n'ont subi que de rares et imperceptibles modifications. On a bien réellement sous les yeux l'église fréquentée, il y a deux cent cinquante ans, par la pieuse Bergère. Le château féodal conserve, de son côté, ses tourelles, ses fenêtres à plusieurs baies croisées, et même, si l'on nous a bien renseigné, ses anciens maîtres, qui, sous les règnes de François Ier et de Charles IX y attiraient parfois les grandeurs de la royauté et les illustrations du parlement; mais la mémoire d'une pauvre paysanne remplit seule maintenant tout le village, et l'église et le château. On recherche le sentier qu'elle suivait de sa maison à l'église, le ruisseau grossi par les pluies torrentielles qui lui fermait inutilement le passage, les champs où paissait son troupeau, et l'humble réduit qui soustrayait son sommeil aux mauvais traitements de sa marâtre. Il y a dans tous ces lieux un charme qui nourrit la foi et ennoblit l'humanité.

Le premier jour du *triduo*, le 25 juillet, ces modestes campagnes de Pibrac et des environs présentaient un aspect indicible ; tout respirait fête et triomphe. Sur toutes les avenues on voyait accourir une multitude pressée de pèlerins de tout âge et de toute condition. La grande diligence, la voiture de place, les calèches de luxe, le char-à-bancs industriel et le rustique tombereau se pressaient, se confondaient dans un curieux pêle-mêle. Quelques tentes dressées tout auprès ajoutaient à la singularité du spectacle.

» Les pèlerins qui étaient venus à pied et ceux qui avaient quitté leurs voitures gravissaient, joyeux et empressés, jusqu'au sommet du village. Là encore des aspects nouveaux et des scènes de foi inattendues. Autour de l'église, sous le porche, contre le cimetière, au pied de la grande croix du village, on avait dressé des autels, où des prêtres nombreux et des communiants infiniment plus nombreux encore se succédaient dans un saint recueillement qui n'était point interrompu par les flots mouvants de la foule. *Huit mille* parcelles de la divine Eucharistie avaient été préparées d'avance. Le nombre des conviés a été plus grand, et nous avons vu nous-même, dès huit heures du matin, de dignes femmes s'éloigner de l'autel, tristes et résignées, sans avoir pu apaiser leur faim spirituelle. On accomplissait les actes les plus augustes de la religion en plein air et au milieu d'une foule immense, comme on aurait fait dans l'oratoire le plus retiré et le plus recueilli.

» Vers neuf heures, une belle procession se développe de l'église au presbytère, où venaient d'arriver les évêques présidents de la solennité. Plus de trois cents prêtres, accourus de plusieurs diocèses, les députations de tous les ordres religieux, les filles habillées de blanc et chantant des cantiques composés sur les vertus et sur les miracles de la Bienheureuse, allaient chercher les évêques et les conduire au lieu où reposaient encore les dépouilles de Germaine Cousin. On remarquait, au milieu et sur les rangs du cortège, les Trappistes de Notre-Dame-du-Désert. Les Pères Dominicains suivaient de près ; l'illustre Père Lacordaire était l'un des enfants de saint Dominique venus pour abaisser la science et l'éloquence catholiques devant une pauvre ignorante. Les pères Jésuites étaient en plus grand nombre que les autres religieux. Nous y avons vu le Père Maillard, provincial, le Père Ogerdias, recteur, le Père de Lavigne, le Père Pérard, etc. Un parent de la pieuse Bergère était là pour recueillir cet héritage inattendu de gloire, dont les titres passaient sous nos yeux dans ces hommes, ces femmes et ces enfants, qui portaient un cierge en témoignage public des guérisons et des autres grâces miraculeuses qu'ils reconnaissent avoir reçues *personnellement* de la bienheureuse Germaine.

» Les évêques sortent du presbytère, répandent sur la foule respectueuse et agenouillée leurs pastorales bénédictions. Mgr l'évêque de Poitiers paraît le premier, crosse en main ; Mgr de Limoges s'avance ensuite, la tête couverte d'une mitre magnifique ; enfin Mgr l'archevêque de Toulouse élève majestueusement la tête au-dessus du clergé et du peuple. Le cortége arrive bientôt auprès de l'église, à l'endroit où reposent les reliques. Qui pourrait dire les joies enthousiastes, quoique contenues, de la foule, à la vue de cette châsse ruisselante d'or et de lumière ? C'est un spectacle impossible à rendre. Le peuple, qui débordait de tous côtés les rangs disciplinés de la procession, laissait échapper en accents à demi étouffés le saint orgueil de ses transports. C'était *leur sainte, leur bergère, leur compatriote*, qui allait prendre solennellement possession de sa nouvelle résidence dans l'église, où elle s'était jadis agenouillée comme une humble pécheresse. Le sujet sculpté sur le couronnement de la châsse renouvelait l'émotion produite par la première apparition de ce beau cercueil. La Bergère est agenouillée devant une croix agreste, tandis qu'un petit troupeau prend doucement sa pâture à ses côtés. L'édicule qui porte ce charmant dôme consiste en une suite d'arcatures, ou plutôt de fenêtres ogivales, aux doubles baies et aux clochetons richement fleuronnés. La veille au soir, deux commissaires archiépiscopaux, M. l'abbé Féral et Mgr Estrade, procédaient à la dernière connaissance des reliques, et les plaçaient dans cette nouvelle tente, si différente de la chaumière où s'est écoulée la vie terrestre de la Bergère.

» La tranlation des reliques effectuée conformément aux règles liturgiques, on en a confié la garde à la piété des jeunes filles de Pibrac, et l'on va célébrer la sainte messe dans une enceinte plus spacieuse, préparée sous les terrasses et sous les antiques chênes du château de Pibrac. Une grande estrade couverte de tentures et garnie de festons reçoit autour d'un autel les évêques et les trois cents prêtres présents à la cérémonie. Une seconde enceinte, également parasolée et distribuée en forme de basilique champêtre, couvre de son vaste ombrage l'élite de la société. Toulouse et la province s'y sont donné rendez-vous. Les Lostanges, les Pérignon, les d'Aumont, les Pressac, les Narbonne, les de Luppé, les Dillon, les de Galard-Terraube, les Pannebœuf, les d'Almeyda, les de Saint-Lieu, les de Compaigne-d'Hautpoul, les de Nauroy, les Dugabé et une foule d'autres dont les noms nous échappent maintenant.

A l'Evangile, Mgr l'évêque de Poitiers a prononcé le panégyrique. Après cet admirable discours, Mgr l'archevêque de Toulouse a achevé le saint sacrifice, le premier qui ait été célébré à Pibrac en l'honneur de la pauvre Bergère.

» Mgr l'archevêque d'Albi a présidé les belles cérémonies de la clôture. Grand'messe et vêpres, prédications et saluts, tous les grands actes du culte se déroulaient sous la même tente et à l'ombre des mêmes chênes. La béatification d'une bergère réclamait ce temple champêtre, non moins que l'immense multitude des spectateurs.

» Les pèlerins employaient très utilement et très chrétiennement tout le temps qui n'était occupé ni par les offices, ni par les prédications. A l'église de Pibrac, les dépouilles de la Bienheureuse recevaient les hommages d'une foule sans cesse renouvelée. Plusieurs ecclésiastiques servaient d'intermédiaires entre le peuple et la Bergère. Leur occupation, depuis le matin jusqu'au soir, consistait à *faire la chaîne* des objets pieux qu'on soumettait à un rapide et précieux contact.

» Les petits sentiers qui conduisaient autrefois la Bienheureuse de sa maison à l'église, à travers le ruisseau du Courbet, s'étaient élargis aux dépens des héritages voisins, sous les pas des visiteurs. Nous avons été surpris de voir un bouquet de fleurs les plus simples à la main de la plupart de ceux qui revenaient de *Maître-Laurent*, nom de la maison de Germaine Cousin. Notre surprise a fait place à la curiosité, et on nous a dit de la meilleure foi du monde que cette espèce de bruyère ne fleurit pas en cette saison, et qu'elle n'a fleuri cette année que dans un seul endroit de la forêt, où la Bergère menait son troupeau, à une petite distance de sa maison. Quoi qu'il en soit de ce fait, bien à vérifier, il est indubitable qu'il fleurissait dans les âmes une foule de sentiments chrétiens, frais et purs comme la fleur de Germaine. Nous avons été vivement touchés en voyant un peuple nombreux approcher avec respect de la maison où a vécu la Bergère, du pauvre réduit de trois pieds de haut et de quatre ou cinq pieds de long où elle est morte. Les habitants actuels de cette maison étaient obligés d'opposer une surveillance spéciale aux instincts pieusement démolisseurs de la foule.

Cette maison, agrandie, renouvelée depuis la mort de la Bienheureuse, est possédée maintenant par des personnes étrangères à la famille de Laurent Cousin. La porte d'entrée a été changée ; mais la place de l'escalier est la même.

» Le troisième jour, à mesure que le moment de la clôture approchait, la foule allait grossissant. Tout-à-coup une nouvelle heureuse se répand dans tout le village : Mgr l'archevêque consent à une dernière exhibition des reliques, exhibition qu'on n'osait plus espérer. Ainsi, lorsque la châsse, portée sur les épaules des prêtres, apparaît dans l'immense assemblée des fidèles réunis sous les tentes du château, l'enthousiasme est à son comble ; on oublie et le lieu et la cérémonie : vingt mille voix crient à la fois, en dépit de toutes les prescriptions liturgiques : Vive la bienheureuse Germaine! Infraction pardonnable des règles, irrésistible épanchement d'une émotion qui dominait toutes les âmes. Pendant ces trois jours, cette émotion s'est traduite partout et de toutes les manières, ici par une brillante illumination vénitienne aux emblèmes religieux et au chiffre de la Bergère, là par de gros feux de joie, à la façon de ceux de la Saint-Jean, échelonnés de ferme en ferme bien loin dans la campagne. Nous avons entendu, jusque sur les voitures publiques, chanter par de jeunes et modestes bergères, le cantique et les litanies de la Bienheureuse, qu'on avait entremêlés à tous les exercices du *triduo*.

» Des personnes exercées à l'évaluation des masses ont cherché à se rendre compte du nombre des pèlerins. Leurs supputations limitent ce nombre entre 20 et 30,000 environ le premier jour, 20,000 le second, 25,000 le troisième : en trois jours, 75,000

Sainte Germaine. 4

âmes, et au fort de la moisson, par des journées très chaudes, et après une année de disette. Ces chiffres, rapprochés de ces circonstances, n'en disent-ils pas plus que toutes les phrases ? Pas un seul accident fâcheux n'a eu lieu au milieu de cette foule immense, tenue en respect par le sentiment religieux mieux que par les huit ou dix gendarmes et les trois ou quatre officiers de police, les seuls représentants de la force publique au *triduo* de la bienheureuse et pacifique Germaine Cousin. »

EXPLICATION

Des peintures exposées dans la basilique Vaticane le jour de la béatification.

Un des biographes de sainte Germaine explique ainsi les tableaux exposés à Rome dans la basilique Vaticane.

Sur l'étendard suspendu à la grande tribune extérieure de la basilique est représentée la Bienheureuse dans le moment où elle laisse la terre pour s'envoler vers la céleste patrie; elle est debout, en pied, sur les nuages et entre deux anges qui l'accompagnent. Dans le lointain, au fond du tableau, on voit le petit village de Pibrac où elle prit naissance et où repose encore sa dépouille sacrée; ensuite la campagne où elle passa sa vie solitaire en faisant paître ses brebis; et enfin la croix de bois plantée en terre devant laquelle la servante de Dieu restait de longues heures dans la plus haute contemplation, épanchant son cœur dans l'amour de son Bien-Aimé. Quelques détails du tableau font aussi connaître par quels degrés sainte Germaine parvint, en passant par des degrés successifs, à la plus haute perfection et à la plus grande sainteté, c'est-à-dire par l'humilité, la solitude et l'oraison.

Le tableau placé au-dessus de la principale porte, dans le vestibule de la basilique, représente le miracle du pain changé en fleurs. La marâtre est représentée avec un air outré d'indignation et avec un bâton à la main ; on la voit secouer avec furie le tablier de la servante de Dieu, qui, par son air serein et tranquille, forte qu'elle est de son innoncence, montre qu'elle ne craint ni les menaces ni les coups. Se tiennent sur les côtés Pierre Paillès et Janne Salaire, habitants de la terre de Pibrac, accourus pour arracher la pauvre enfant des mains de sa belle-mère furieuse, et frappés, émerveillés en voyant tomber du tablier de Germaine, au lieu de pain, une pluie de fleurs.

Dans l'intérieur de la basilique, à l'extrémité des tribunes, les deux ouvertures des arcades latérales qui conduisent dans le transsept secondaire sont fermées par deux grandes toiles sur lesquelles sont peints les quatre miracles approuvés pour la béatification de la servante de Dieu. Dans les deux parties semi-circulaires de droite et de gauche sont représentées les deux multiplications de farine arrivées dans le monastère du Bon-Pasteur de Bourges. Dans le premier, on voit les deux sœurs boulangères, l'une placée devant le pétrin, l'autre montrant à la sœur économe les corbeilles pleines de la pâte miraculeuse, et les pains d'une extraordinaire grosseur, déjà mis au four. Dans le deuxième hémicycle placé en regard et vis-à-vis du premier, on voit la supérieure du monastère qui montre d'une main les sacs regorgeant de la farine multipliée, et de l'autre la médaille, ci-dessus mentionnée, de la Bienheureuse, à l'intercession de laquelle s'est opéré un si étonnant prodige. Auprès d'elle se tiennent plusieurs sœurs, l'une dans l'immobilité de l'étonnement, l'autre dans l'attitude d'une très humble reconnaissance, et une troisième prosternée jusqu'à terre. Les faits représentés dans les deux tableaux des deux compartiments placés sous les hémicycles des deux côtés ont été exprimés avec beaucoup de vérité. Dans le premier on voit la pieuse mère de Philippe Luc, qui, dans l'église de Pibrac, reçoit avec respect du prêtre quelques linges déposés quelques instants auparavant sur les reliques de sainte Germaine. Derrière elle plusieurs spectateurs et pèlerins, venus aussi, eux, pour demander des grâces, et, à quelque distance, le petit Philippe, qui, déjà entièrement guéri de sa fistule, et tenant dans sa main la béquille pour lui désormais inutile, lève les yeux au ciel pour remercier Dieu ainsi que sa tendre bienfaitrice, que l'on voit debout dans les airs, environnée de gloire. De l'autre côté, vis-à-vis, est représentée la guérison instantanée de Jacqueline Catala. On voit la mère agenouillée à la balustrade de la communion, et, derrière elle, la petite fille qui la suit, retenue par le bras par son frère, et lève des regards reconnaissants vers sainte Germaine, comme pour lui montrer qu'elle est déjà guérie par son intercession. Au fond du tableau, plusieurs personnes paraissent tout émerveillées du prodige qui se passe actuellement sous leurs yeux.

Enfin, au fond de la tribune et au-dessus de la majestueuse chaire de Saint-Pierre, est suspendu un médaillon de figure ovale représentant sainte Germaine portée par les anges dans le ciel.

LITANIES DE SAINTE GERMAINE.

⟺

Déjà circulent parmi les fidèles des formules de prières autorisées par l'archevêque de Toulouse. Ainsi que les litanies et l'oraison suivantes :

Seigneur, ayez pitié de de nous.
Jésus-Christ, ayez pitié de nous.
Seigneur, ayez pitié de nous.
Jésus-Christ, écoutez-nous.
Jésus-Christ, exaucez-nous.
Père céleste, qui êtes Dieu, ayez pitié de nous.
Fils rédempteur du monde, qui êtes Dieu, ayez pitié de nous.
Esprit-Saint, qui êtes Dieu, ayez pitié de nous.
Trinité sainte, qui êtes un seul Dieu, ayez pitié de nous.

Sainte Marie, Vierge des vierges, priez pour nous.

Sainte Marie, Fleurs des champs et Lis des vallées, priez pour nous.

Sainte Germaine, fidèle servante du Seigneur, priez pour nous.

S. Germaine, qui avez toujours marché dans le sentier de votre innocence, priez pour nous.

S. Germaine, vierge sage et prudente, priez pour nous.

S. Germaine, douce et humble de cœur, priez pour nous.

S. Germaine méprisée du monde et chérie de Dieu, priez pour nous.

S. Germaine, éprouvée par la souffrance et l'affliction, priez pour nous.

S. Germaine, qui avez trouvé votre gloire et votre plaisir dans la croix de Jésus-Christ, priez pour nous.

S. Germaine, trésor du foyer domestique et exemple de la famille, priez pour nous.

S. Germaine, amie des pauvres avec qui vous partagiez votre pain, priez pour nous.

S. Germaine, dont un prodige changea les aumônes en fleurs, priez pour nous.

S. Germaine, apôtre des enfants à qui vous appreniez le catéchisme et la prière, priez pour nous.

S. Germaine, qui saviez adorer Dieu en esprit et en vérité, priez pour nous.

S. Germaine, qui marchiez sur les eaux pour courir aux parfums de l'Eucharistie, priez pour nous.

S. Germaine, qui vous êtes sanctifiée par la pratique des petites vertus et des devoirs de votre état, priez pour nous.

S. Germaine, animée de l'esprit de foi, priez pour nous.

S. Germaine, soutenue et consolée par l'espérance chrétienne, priez pour nous.

S. Germaine, embrasée d'amour pour Dieu et de charité pour le prochain, priez pour nous.

S. Germaine, pleine d'une tendre dévotion envers Marie, priez pour nous.

S. Germaine, qui n'eûtes que Dieu et les anges pour témoins de votre mort, priez pour nous.

S. Germaine, dont l'âme, dans son ascension, fut accompagnée par plusieurs Vierges du Paradis, priez pour nous.

S. Germaine, dont le ciel a glorifié la vertu et la puissance par de nombreux miracles, priez pour nous.

S. Germaine, l'espoir des pieux pélerins, priez pour nous

S. Germaine, le secours des malades et des infirmes, priez pour nous.

S. Germaine, la consolation de tous les malheureux, priez pour nous.

S. Germaine, l'honneur et l'amour de la France, priez pour nous.

Daignez, par votre intercession, affermir les justes, éclairer les infidèles et ressusciter les pécheurs à la vie de la grâce, nous vous en supplions, écoutez-nous.

Daignez procurer le triomphe de l'Eglise et la convérsion ou l'humiliation de ses ennemis, nous vous en supplions, écoutez-nous.

Daignez mettre votre houlette au service de celle du Pape et rendre le pasteur heureux par la fidélité de son troupeau, nous vous en supplions, écoutez-nous.

Daignez protéger notre patrie, et faites-y régner la pureté des mœurs et la pratique fidèle de la Religion, nous vous en supplions, écoutez-nous.

Daignez inspirer à tous les chrétiens la simplicité des goûts, la force du caractère et l'éloignement de l'esprit du monde, nous vous en supplions, écoutez-nous.

Daignez vous montrer compatissante et propice aux pauvres, aux malades et aux affligés, nous vous en supplions, écoutez-nous.

Daignez nous obtenir une sainte vie, une bonne mort et une heureuse éternité, nous vous en supplions, écoutez-nous.

Agneau de Dieu, qui effacez les péchés du monde, pardonnez-nous, Seigneur.

Agneau de Dieu, qui effacez les péchés du monde, exaucez-nous, Seigneur.

Agneau de Dieu, qui effacez les péchés du monde, ayez pitié de nous.

Jésus-Christ, écoutez-nous.
Jésus-Christ, exaucez-nous.

℣. Bienheureuse Germaine, priez pour nous.
℟. Afin que nous soyons rendus dignes des promesses de Jésus-Christ.

4..

PRIONS.

O Dieu, la gloire et la grandeur des humbles, qui avez voulu que votre Bienheureuse Vierge Germaine brillât excellemment de la beauté de la charité et de la patience, accordez-nous par ses mérites et son intercession, de pouvoir porter la croix constamment et vous aimer toujours. Par Jésus-Christ Notre-Seigneur. Ainsi soit-il.

CANTIQUE

EN L'HONNEUR

DE

SAINTE GERMAINE COUSIN.

Une bien obscure chaumière
Fut toujours ton toit paternel.
O Germaine, pauvre bergère,
Germaine, noble enfant du ciel.
Ta vie entière est un martyre
Que seul semble voir l'œil de Dieu;
Cependant l'univers l'admire;
Ta mémoire est sainte en tout lieu.

Enfant, une méchante mère
Te frappe avec brutalité,
Lorsque, dans la souffrance amère,
T'atteint déjà l'infirmité.
Mais avec quelle obéissance
Tu te soumets à la douleur;
Quel hymne saint de patience
Pour tant de maux sort de ton cœur !

Ne craignez point qu'en la prairie
Où, sans elle, paît son troupeau,
Il s'égare alors qu'elle prie
Loin, à l'église du hameau !
De toutes ses brebis fidèles
Jésus se fera le berger ;
Sa main, veillant sur elles,
En écartera tout danger.

Voyez Germaine dans le temple
Où, plusieurs heures chaque jour,
Le regard de Dieu la contemple,
Répétant ses actes d'amour !
De la divine eucharistie,
Là, comme elle aime à se nourrir ;
Là, comme elle dit à Marie
Qu'elle veut toujours la chérir !

Tu fus pauvre, mais l'indigence
Ne t'invoqua jamais en vain :
Le pain faisait ta subsistance,
Et tu te privas de ton pain...
Aussi bien Dieu, de tes aumônes,
Un jour, pour montrer tout le prix,
Les transforma-t-il en couronnes
D'œillets, de roses et de lis.

Et toujours belle d'innocence,
Toujours amante de Jésus,
Elle pratiquait en silence
Les plus héroïques vertus.
Et quand Dieu couronna Germaine
Des gloires qui vaincront le temps,
La sainte fille entrait à peine
Dans son vingt-deuxième printemps.

Que de prières, que de veilles
Autour de son corps vénéré !
Que d'incontestables merveilles
Opère son tombeau sacré !
Les siècles lui rendent hommage,
Et les peuples, de toutes parts,
Se placent sous son patronage,
Sur eux appellent ses regards.

Donne donc à l'adolescence,
Douce Vierge, ta pitié,
Ta modestie et ta prudence,
Et ton ardente charité.
Fais que le pauvre se résigne
Dans les épreuves de son sort ;
De biens rends le riche plus digne ;
Donne à tous ton heureuse mort.

AUTRE CANTIQUE.

Tu vécus, ô Germaine,
Dans un obscur vallon ;
Pourtant l'âme chrétienne
Partout connaît ton nom.

Oui les grands de la terre
Comme les indigents,
Viennent baiser la pierre
Où sont tes ossements.

Oui, le pauvre t'honore ;
Mais le riche aussi lui,
Humble Bergère, implore
Ton aumône aujourd'hui.

De quelle récompense
Jouissent donc vos saints,
Puisqu'ils ont la puissance,
O mon Dieu, de vos mains !

Vous l'avez dit : « Un trône,
» Dans les sacrés parvis,
» A reçu la patronne
» De notre beau pays.

» Tout comme Geneviève,
» Elle entendra du ciel
» Le soupir qui s'élève
» Des pieds de son autel. »

A l'autel de Germaine,
Humbles et recueillis,
Portez donc à mains pleines
Des roses et les lis !

De la France, ô Germaine,
Que soulageant les maux
Toujours tu nous obtienne
Des miracles nouveaux !

AUTRE CANTIQUE.

Germaine était une bergère
Condamnée aux soins d'un troupeau,
Et sa vie était bien amère
Au sein de son humble hameau.

REFRAIN :

Le cœur, sous le poids des misères,
Murmure, se plaint et gémit :
Cependant comme elles sont chères
A Dieu qui du ciel les bénit !

Germaine, dès sa tendre enfance,
Voyait sa débile santé
Atteinte encor par la souffrance
D'une cruelle infirmité.
   Le cœur, etc.

Germaine vivait délaissée
Dans les champs, au milieu des bois ;
Souvent on la trouva glacée,
Si durs pour elle étaient les froids !
   Le cœur, etc.

Elle eut pour unique breuvage
L'eau puisée au ruisseau voisin ;
Le plus grossier pain de ménage
Toujours seul apaisa sa faim.
   Le cœur, etc.

Elle aimait Jésus et Marie,
Et sa visible sainteté
N'excitait que la moquerie
De la jalouse impiété.
    Le cœur, etc.

Les méchants insultaient Germaine
Par des sarcasmes odieux ;
La vierge à leur aveugle haine
Répondait en priant pour eux.
    Le cœur, etc.

Après vingt-deux ans de souffrance,
Toujours heureuse de son sort,
Pleine d'amour et d'espérance,
Germaine sourit à la mort.
    Le cœur, etc.

Maintenant la pauvre bergère
Est triomphante dans le ciel,
Et maintenant on la vénère,
Elle a sur la terre un autel.

Le cœur, sous le poids des misères,
Murmure, se plaint et gémit ;
Cependant comme elles sont chères
A Dieu qui du ciel les bénit !

PRIÈRE

A SAINTE GERMAINE.

Sainte Germaine, toi qui fus un modèle de piété filiale, donne à tous les enfants l'obéissance, le respect et l'amour dont ils doivent être animés à l'égard de leurs parents.

Sainte Germaine, toi qui supportas sans jamais murmurer, sans proférer une seule plainte, les reproches, les outrages et les persécutions les plus injustes, inspire au cœur haineux et vindicatif le pardon le plus généreux envers ses ennemis, et la noble pensée de leur vouloir toujours du bien, et l'habitude de prier pour eux.

Sainte Germaine, qui souffris avec une admirable patience les maladies, les infirmités, les travaux, les privations, obtiens pour tous ceux qui souffrent ici-bas la résignation parfaite à la sainte volonté de Dieu.

Sainte Germaine, toi qui fus toujours indigente, réduite à te nourrir de pain et d'eau, et qui néanmoins trouvas dans tes privations de quoi secourir les nécessiteux, accorde aussi aux riches ta charité, ton merveilleux secret de prodiguer l'aumône sans s'appauvrir ; aux pauvres la foi, l'espérance avec l'amour qui leur feront trouver douce leur ressemblance avec Jésus-Christ.

Sainte Germaine, toi qui trouvas tant de délices et de forces dans la communion fréquente, qui fus si fidèle à Marie, embrase tous les cœurs de cet amour ardent et profond pour Jésus et sa très sainte mère.

Sainte Germaine, toi qui, méprisant le monde, persévéras dans la prière et la vertu, et qui aussi bien rendis avec confiance ta belle âme à Dieu, obtiens-nous le dégoût profond du péché, la constance dans le bien et une sainte mort.

Sainte Germaine, toi qui as opéré tant de miracles, protége la France, ta patrie natale, entend ses gémissements, désarme la justice du Seigneur, et supplie-le de verser sur nous tous les trésors de sa miséricorde !

—

PRIÈRE

D'UN JEUNE ENFANT.

Sainte Germaine, votre obéissance à vos parents a toujours été admirable ;

Jamais vous n'avez murmuré contre eux, quelque chose pénible qu'ils vous commandassent ;

Toute jeune et toute infirme que vous étiez, vous acceptiez avec résignation un travail pénible et souvent au-dessus de vos forces.

Vous ne vous trouviez avec les enfants de votre âge que pour les engager à être bons et pieux ;

Vous fuyiez les mauvaises compagnies pour ne pas contracter de mauvaises habitudes, n'entendre aucune vilaine parole, ne rien voir qui pût affaiblir votre innocence et votre saint amour de Dieu ;

Vous aimiez la solitude pour penser plus longtemps à Jésus et à Marie, pour les prier davantage, leur mieux donner votre cœur.

O sainte Germaine ! qui avez donc offert, dans votre courte vie, le modèle de toutes les vertus qui peuvent et doivent orner le cœur d'un enfant, et qui, aussi bien, avez reçu la gloire et le bonheur dans l'éternité,

Obtenez-moi la grâce de vous imiter pendant les jours de mon enfance, afin que, si le bon Dieu m'appelait bientôt à lui, j'aie le bonheur de recevoir comme vous la couronne dans son paradis bienheureux ! Ainsi soit-il.

PRIÈRE

D'UNE JEUNE FILLE OU D'UN JEUNE HOMME.

O mon Dieu ! qui, pour bénir et récompenser vos créatures, ne tenez pas compte de la beauté, de la force, de la richesse ; qui ne considérez que la beauté de leur âme, leur innocence et leur amour, donnez-nous de vous plaire, comme Germaine, par notre obéissance, par notre résignation dans les souffrances, par notre éloignement du monde, enfin par notre abandon sans réserve à Jésus et à Marie ! Ainsi soit-il.

UN MOT

AU PEUPLE DES VILLES ET DES CAMPAGNES.

A vous aussi, à vous plus qu'à d'autres convient cet abrégé de *la vie de Germaine Cousin*. Sans doute, ils sont nombreux au ciel les saints qui, nés dans des conditions obscures, doivent vous servir de modèle et vous encourager spécialement dans les rudes sentiers de la vie que vous traversez.

Reconnaissez cependant qu'en donnant à cette pauvre enfant des chaumières la puissance continuelle des miracles, et en ordonnant de lui dresser *de nos jours* des couronnes et un autel, le Seigneur a eu pour nous quelques desseins particuliers et profonds de miséricorde.

D'où vient le mal de *notre temps* ? de ce que des imposteurs, voulant convaincre de mensonge et de folie le Dieu qui a dit : *Il y aura toujours des pauvres parmi vous*, ont excité chez plusieurs je ne sais quel mécontentement de leur sort, je ne sais quelle soif d'un bonheur qui n'est pas de ce monde. Et plusieurs les ont crus, plusieurs ont livré leur âme au désespoir et à la haine.

Le Seigneur, en glorifiant Germaine, a donc voulu donner à notre siècle un enseignement contraire ; il a daigné lui-même confondre une erreur dont les conséquences seraient pour vous les plus déplorables malheurs du temps et de l'éternité.

Et le bon peuple, le peuple chrétien, a compris la nature divine de cet enseignement. Voyez comme à Toulouse et à Pibrac il s'est senti ennobli par cet enfant qui est né de lui, qui est la chair de sa chair, qui lui appartient presque entièrement! Comme on a remarqué plus d'émotion, plus de joie chez les *petits* et les *pauvres;* comme leurs chants plus sonores et plus spontanés ont commencé là de meilleure heure, pendant ces trois jours, et se sont prolongés plus avant dans la nuit !

A vous donc, peuple des villes et des campagnes, à vous de lire et de méditer plus souvent la *vie* de la nouvelle sainte.

Etre réduit à gagner son noir morceau de pain à la sueur du front, porter contamment le poids de la chaleur et du froid, consumer toute son existence dans des champs stériles ou ingrats ou sous le toit d'une obscure chaumière, ne connaître aucune des jouissances que le riche se procure si aisément au milieu des opulentes cités, manquer parfois du nécessaire, quelle existence pénible et douloureuse! dites-vous quelquefois.

Et alors viennent les murmures contre le ciel, qui vous semble si injuste et si dur à votre égard.

Eh bien ! jetez les regards sur Germaine, et vous verrez de suite combien vous avez tort de vous plaindre, combien vous êtes mal venus à accuser le Seigneur du sort qu'il vous a fait.

Pourquoi cette pieuse enfant trouvait-elle au milieu des peines et des désolations qui ne lui manquèrent jamais, pas plus qu'à vous, une force, un courage capables d'en triompher, eussent-elles été encore plus grandes? Souffrances, infirmités, mauvais travail, fatigues, méchante nourriture, haillons insuffisants à la vêtir, elle supportait, elle aimait, elle recherchait tout cela. Pourquoi? Parce qu'elle demandait tous les jours au bon Dieu de lui faire comprendre que les tribulations de ce monde ne sont rien aux prix des gloires et des délices de son paradis, et que Dieu lui accordait sa demande. Aussi bien, plus elle rencontrait de difficultés et de douleurs sur son chemin, plus elle était heureuse, dans la douce persuasion que ces maux d'un matin seraient compensés par des biens qui ne finiraient pas, et dont tous les bonheurs de la terre ne pourraient même donner l'idée.

Dieu changea une fois en bouquet de fleurs les morceaux de pain bis qu'elle portait dans son tablier. Ce miracle vous paraît et est, en effet, très remarquable. Eh! pourtant, mes chers amis, Dieu l'opère souvent, n'en doutez point, et il l'opérerait à l'égard de vous tous, si votre confiance en lui, votre piété, votre résignation, votre innocence, égalaient celles de Germaine.

Les pauvres sont les premiers amis de Dieu : aucune vertu ne reste sans récompense; qui fait bien reçoit au centuple le salaire de son œuvre; heureux celui qui souffre, parce qu'il sera consolé. Partez de ces principes qui, sous toutes les formes, remplissent l'Evangile, et vous reconnaîtrez que le miracle accordé à Germaine doit chaque jour se renouveler pour toute âme qui veut être son imitatrice.

L'obéissance fidèle à toutes les volontés de Dieu, en quelque condition qu'il veuille nous placer ici-bas; l'acceptation entière des privations et des maux qu'il lui plait de nous imposer; oui, voilà le secret de transformer votre pain en touffes de roses odorantes et sans épines, vos sous en montagnes d'or, vos misères en jouissances, vos croix en délices!

Au nom de vos intérêts les plus chers, du bonheur de vos familles, de votre propre félicité, n'oubliez donc pas ce secret merveilleux que vient vous révéler à son tour une pauvre fille qui, comme vous, mes chers amis, vécut ignorée au fond d'un humble village, et qui sans avoir reçu d'instruction possédait la première des sciences, celle du salut.

Oui, la première des sciences! Ne vous y trompez pas! Laissez dire les forts esprits, les tristes philosophes qui osent vous soutenir le contraire. Voici un homme qui a acquis une brillante fortune ; il n'a plus qu'à se croiser les bras. Sa table est chargée de mets succulents, de vins exquis ; il couche sur de moelleux coussins ; il a mille moyens de se garantir des ardeurs du soleil et des rigueurs du froid ; de nombreux domestiques sont à ses ordres, attentifs à sa voix, à son geste, à son moindre regard ; sous son toit, en un mot, abonde le confortable, le luxe, tout le bien-être qu'un mortel peut trouver ici-bas.

Mais dans l'acquisiton et la conservation de cet or, ce SAVANT ne s'est point inquiété de Dieu et de ses lois ; comme le bœuf de son sillon il n'a jamais regardé que la terre, attendu que les célestes paroles de l'Evangile ne sont bonnes que pour l'alphabet des enfants.

Assurément cet état d'opulence est beaucoup. Bien adroits et bien puissants seraient les réformateurs de l'humanité s'ils étaient capables de procurer ce bonheur à un de vous, sur cent, sur mille.

Eh bien ! cet or affranchira-t-il son prétendu SAVANT possesseur des inquiétudes, des terreurs, ou plutôt ne l'en rendra-t-il pas plus esclave ? Et puis, n'y aura-t-il plus pour lui de maladies, d'infirmités, d'accidents avec tout leur cortége de douleurs ?

Cette opulence somptueuse le délivrera-t-elle enfin de la mort, lorsque le Seigneur dira à cette terrible et inexorable mandataire de ses décrets : Va à cette porte, entre brusquement, et frappe soudain son propriétaire orgueilleux, pendant qu'il ne pense ni à toi ni à moi ; jette au tombeau cet insensé, qui SAIT entasser des richesses inutiles et qui ne sait pas même détourner un de ses regards sur les richesses qui ont de la valeur !

Mais coupons court à une démonstration que vous saisissez mieux que je ne pourrais vous la présenter, et qui se réduit, n'est-il pas vrai, à cette simple question :

Avoir vécu et souffert comme Germaine et se trouver un jour où elle est, ou bien : avoir joui de tout ici-bas et se trouver le lendemain dans l'enfer, qu'est-ce qui vaut mieux? Et la conclusion de ce livre est donc :

Si le temps, si la terre ne sont rien, si l'éternité, si le ciel, au contraire, sont tout, vivons donc comme Germaine pour le ciel et son éternité.

FIN.

Limoges. — Imp. F. F. Ardant frères.

www.ingramcontent.com/pod-product-compliance
Lightning Source LLC
Chambersburg PA
CBHW070252100426
42743CB00011B/2238